مذہبی فکر و نظر

(مضامین)

(مجلہ 'صدائے شبلی' [حیدرآباد] کے شماروں سے منتخب شدہ مضامین)

مرتب:
ڈاکٹر محمد ہلال اعظمی

© Taemeer Publications LLC
Mazhabi Fikr-o-Nazr *(Essays)*
By: Dr Muhamid Hilal Azmi
Edition: February '2024
Publisher :
Taemeer Publications LLC (Michigan, USA / Hyderabad, India)

ISBN 978-93-5872-526-1

مصنف یا ناشر کی پیشگی اجازت کے بغیر اس کتاب کا کوئی بھی حصہ کسی بھی شکل میں بشمول ویب سائٹ پر اپ لوڈنگ کے لیے استعمال نہ کیا جائے۔ نیز اس کتاب پر کسی بھی قسم کے تنازع کو نمٹانے کا اختیار صرف حیدرآباد (تلنگانہ) کی عدلیہ کو ہوگا۔

© تعمیر پبلی کیشنز

کتاب	:	مذہبی فکر و نظر
مرتب	:	ڈاکٹر محمد ہلال اعظمی
صنف	:	مضامین
ناشر	:	تعمیر پبلی کیشنز (حیدرآباد، انڈیا)
سالِ اشاعت	:	۲۰۲۴ء
صفحات	:	۴۰
سرورق ڈیزائن	:	تعمیر ویب ڈیزائن

فہرست

(۱)	خلفائے راشدین کے دور میں قضا کا انتظام	نجم الدین احیائی	6
(۲)	رمضان المبارک میں کرنے کے ضروری کام	مفتی امانت علی قاسمی	11
(۳)	سحری: مفہوم، اہمیت، آداب	عبد المنان مظہر	16
(۴)	علم کی فضیلت و اہمیت	مصلح الدین سنبھلی	19
(۵)	غیر مسلم ملک کی شہریت اختیار کرنا	احمد نور عینی	22
(۶)	عید کے بعد بھی بندگی	محمد سالم قاسمی	26
(۷)	قرآنی تعلیمات اور جدید میڈیکل سائنس	محمد رفیق قاسمی	29
(۸)	عید الاضحیٰ ایک عظیم یادگار	عبد الوحید ندوی	32
(۹)	مسجد نبوی کی توسیع اور اس کی تاریخ	رفیعہ تبسم	34
(۱۰)	خالد سیف اللہ رحمانی کی آسان تفسیر قرآن	ڈاکٹر محمد رفیق	38

مولانا نجم الدین احیائی
خلفائے راشدین کے دور میں قضا کا انتظام

اہل عرب دور جہالت میں حضارت و تمدن سے بالکل نا آشنا تھے۔ اس لئے عموماً ان کے فیصلے نوک زبان کے بجائے نوک سنان سے ہوتے تھے مگر کبھی تلوار بھی اٹھانا ان کے لئے مشکل ہوتا تو وہ اپنے قضایا قاضیوں سے فیصل بھی کرواتے، جن کو وہ عارفین (١) کہتے تھے، مگر ایسے فیصلوں کی تعداد بہت کم ہوتی تھی۔

اسلام آیا اس نے جس طرح ان کی زندگی کے دوسرے شعبوں کو بدلا اسی طرح اس شعبہ میں بھی کافی تبدیلی پیدا کی چنانچہ نبی کریم صلی اللہ علیہ وسلم جب مدینہ تشریف لائے اور مسلمانوں کی تعداد دن بدن بڑھنے لگی، جس کے نتیجے میں ان میں کچھ اختلافی معاملات پیش آئے تو ان کو ضرورت محسوس ہوئی کہ وہ اپنے معاملات کسی شخص کے روبرو لے جائیں، ان کو آنحضرت صلی اللہ علیہ وسلم سے زیادہ مناسب اور لائق کون مل سکتا تھا، چنانچہ وہ اپنے معاملات آنحضرت کے سامنے لے جانے لگے۔ حدیث و سیر کی کتابوں میں ایسے بہت سے واقعات مذکور ہیں۔ مثلاً کندہ اور حضرت موت سے دو شخص آئے۔ حضرمی نے عرض کیا یا رسول اللہ صلی اللہ علیہ وسلم اس شخص نے میری زمین غصب کر لی۔ کندی نے عرض کیا حضرت یہ میری زمین ہے اور میرے قبضے میں ہے اس کا اس میں کچھ بھی نہیں ہے۔ آپ نے حضرمی سے فرمایا کہ اس پاس دلیل ہے عرض کیا نہیں فرمایا تمہارے لئے قسم ہے دوسرے نے عرض کیا حضرت یہ فاجر ہے اس میں کچھ بھی تقویٰ نہیں فرمایا جھوٹی چاہے نہیں تو تم قسم کھاؤ تو قسم کھانے کے لئے چلا آنحضور نے فرمایا اگر جھوٹی قسم کھائی تو یہ ظلم ہوگا اللہ تعالیٰ قیامت کے دن اس سے منہ پھیر لے گا۔ (٢)

صرف مسلمان ہی نہیں بلکہ کبھی کبھی غیر مسلم بھی اپنے معاملات لے کر آتے حضرت عبد اللہ ابن عمرؓ سے روایت ہے کہ یہود آنحضرت کی خدمت میں حاضر ہوئے اور انہوں نے دو زانیوں کا مقدمہ پیش کیا آپ ان حضور نے ان سے فرمایا تم تورات میں کیا سزا پاتے ہوئے عرض کیا زنا کار کی سزا رسوائی اور کوڑے۔ حضرت عبد اللہ ابن سلام موجود تھے فرمایا تم جھوٹ کہتے ہو تورات میں رجم ہے وہ لوگ تورات لائے اور آیت رجم پر ہاتھ رکھ کر سیاق و سباق پڑھنے لگے حضرت عبد اللہ ابن سلام نے ہاتھ اٹھایا تو آیت رجم موجود تھی جس کے نتیجے میں دونوں رجم کئے گئے۔ (٣)

آنحضورؐ نے ان فیصلوں کے درمیان ایسے اصول بتا گئے جو آپ کے بعد خلفائے راشدین کی بنیادی رہنمائی کرتے رہے خلفاء نے ہمیشہ اس کی پیروی کی بذات خود آنحضورؐ نے بھی ان اصولوں کو اپنانے کی ترغیب دی تھی۔ معاذ بن جبل رضی اللہ عنہ کو آپ نے یمن کی طرف بھیجنے کا ارادہ کیا تو فرمایا تم کیسے فیصلے کروگے عرض کیا کتاب اللہ سے، فرمایا اگر کتاب اللہ نہ پاؤ؟ عرض کیا رسول اللہ کی سنت سے فرمایا اگر اس میں بھی نہ پاؤ؟ عرض کیا میں اجتہاد کروں گا اور ٹھیک فیصلے تک پہنچنے میں کوتاہی نہ کروں گا۔ آنحضورؐ نے (خوشی سے) معاذؓ کے سینے پر ہاتھ مارا اور فرمایا:

الحمد للہ الذی وفق رسول اللہ صلی اللہ علیہ وسلم لما یرضی بہ رسول اللہ صلی اللہ علیہ وسلم

اس خدا کا شکر ہے جس نے رسول اللہ کے رسول کو ایسی توفیق دی جس سے رسول اللہ راضی ہیں۔

خلفائے راشدین نے ہمیشہ یہ اصول پیش نظر رکھا اور قضاۃ کو خاص طور پر اس کی اجازت دیتے رہے حضرت عمر فاروقؓ نے قاضی شریح کو ایک فرمان میں لکھا کہ مقدمات اول قرآن مجید کے مطابق فیصل کرو، قرآن مجید میں وہ صورت مذکور نہ ہو تو حدیث اور حدیث نہ ہو تو اجماع (کثرت رائے) کے مطابق اور کہیں پتہ نہ لگے تو خود اجتہاد کرو۔ (٤)

رسول اللہ صلی اللہ علیہ وسلم کے سامنے اگر کوئی شخصیت سب سے زیادہ با اثر تھی تو حضرت ابوبکر صدیق رضی اللہ عنہ کی شخصیت تھی۔

مسلمان اپنے معاملات بھی فیصلہ کرانے کے لئے انہیں کے پاس آتے مگران کے دور میں قضاء کا کوئی مستقل انتظام نہ ہوسکا اس کے دو سبب ہیں۔

(۱)۔ابوبکر صدیق رضی اللہ عنہ کے کندھوں پر جونہی خلافت کا بار پڑا عرب کے مختلف گوشوں میں فتنہ وفساد کے شعلے بھڑکنے لگے ایک طرف مدعیان نبوت اور مرتدین نے عرب کو کذب وافترا سے بھر دیا اور دوسری طرف مانعین زکوٰۃ نے زکوٰۃ نہ دے کر اسلام کے ایک اہم رکن کو بے حیثیت کرنا چاہا اس لے ضرورت تھی کہ پوری قوت انہیں فتنوں کے دبانے میں لگائی جائے چنانچہ ابو بکرؓ نے ایسا ہی کیا اور اسی میں مشغول رہے اور فتنوں کے دبانے کے بعد اتنا وقت ان کو نہیں ملا کہ کسی نئے کام کی طرف متوجہ ہوں کیونکہ ان کی خلافت کی کل مدت صرف دو سال تین ماہ اور دس راتیں تھیں۔ (۷)

(۲)۔ آنحضرت صلی اللہ علیہ وسلم نے عرب میں جو روح پھونکی تھی وہ فطرت انسانی کے ہم آہنگ تھی اور جو لوگ اسلام لائے تھے ان کی طبیعتیں انتہائی نیک اور سلیم ہوئی تھیں۔ حضرت ابوبکرؓ کے دور مبارک میں بھی زیادہ تعداد ایسے ہی لوگوں کی تھی جو تعداد کے اعتبار سے بہت کم تھے جس کی وجہ سے اختلافات کم ہوتے تھے دوسرے اسلامی حکومت کے حدود ابھی بہت محدود تھے جس کی وجہ سے ابھی ضرورت نہیں تھی کہ قضاء کے لئے باقاعدہ انتظام کیا جائے۔

دورِفاروقی میں داخلی فتنے تقریباً سب کے سب فرد ہو چکے تھے اگران کے کچھ اثرات تھے تو وہ بھی چند مہینوں میں ختم ہوگئے دوسری طرف مسلمانوں کی تعداد بہت ہی تیزی سے بڑھنے لگی اور غیر مسلم اسلام کے دامن میں کثرت سے پناہ لینے لگے تیسری طرف اسلامی حکومت کے حدود تقریباً دو گنے ہوگئے جس کے نتیجہ میں معاملات اور اختلافات کی تعداد زیادہ ہوگئی، جسے دیکھ کر حضرت عمرؓ نے ضرورت محسوس کی کہ کوئی ایسا محکمہ قائم کیا جائے کہ جس کا تعلق انتظامیہ سے الگ ہو اور وہ خود ایک مستقل محکمہ ہو۔ چنانچہ

حضرت عمرؓ ہی کی وہ ذات گرامی ہے جس نے قضاء کا باقاعدہ انتظام کیا اس محکمہ کا قیام ان کی اولیات میں داخل ہے۔ (۸)

چنانچہ آپ نے مختلف شہروں اور صوبوں میں قاضیوں کو متعین کیا ان کا تعین بڑے غور و فکر سے کیا اس میں وہی لوگ لئے گئے جو سیرت برآوردہ اور مسلمانوں میں اچھی نظروں سے دیکھے جاتے تھے پائے تخت یعنی مدینہ منورہ کے قاضی زید ابن ثابت مقرر کئے گئے جو رسول اللہ ﷺ کے زمانہ میں کاتب وحی رہ چکے تھے وہ سریانی اور عبرانی زبان کے ماہر تھے اور علوم فقہیہ میں سے فرائض کفن میں تمام عرب میں ان کا جواب نہ تھا۔ (۹)

حضرت ابودردہؓ کو بھی مدینہ میں قاضی بنایا۔ (۱۰) انہوں نے دمشق میں بھی قضا کا کام کیا کعب ابن سور الازوی بصرہ کے عبادہ ابن صامت فلسطین کے اور عبداللہ ابن مسعودؓ کوفہ کے قاضی تھے ان کے بعد کوفہ کے قاضی شریح بنائے گئے۔ (۱۱)

یہ کبار تابعین میں سے ہیں پچھتر سال تک قاضی رہے۔ حضرت عبداللہ ابن زبیر کے فتنہ میں تین سال کے لئے معطل کر دیئے گئے تھے۔ پھر حجاج نے ان کو قاضی بنا دیا ان کی تقرری کا واقعہ عجیب ہے۔ حضرت عمرؓ نے ایک شخص کی پسند کی شرط پر ایک گھوڑا خریدا اور امتحان کے لئے ایک سوار کو دیا گھوڑا سواری میں چوٹ کھا کر داغی ہو گیا۔ حضرت عمرؓ نے اسے واپس کرنا چاہا گھوڑے کے مالک نے انکار کیا اس پر زاع ہوئی او شریح ثالث مقرر کئے گئے انہوں نے فیصلہ کیا کہ گھوڑے کے مالک سے اجازت لے کر سواری کی گئی ہے تو گھوڑا واپس کیا جا سکتا ہے ورنہ نہیں حضرت عمرؓ نے کہا حق یہی ہے اور اسی وقت شریح کو کوفہ کا قاضی مقرر کیا۔ (۱۲)

حضرت عمر رضی اللہ عنہ قاضیوں کو خوب سوچ سمجھ کر متعین کرتے تھے صرف دور ہی سے نہیں بلکہ قریب سے بھی رکھ لیتے۔ان قاضیوں کے علاوہ قیس بن العاصؓ بھی (۱۳) جمیل ابن عامر ابو مریم الخثمی، سلمان بن ربیعہ الباہلی، عبدالرحمن بن ربیعہ، ابو

قرۃ الکندری، عمران بن الحصین حضرت عمرؓ کے زمانے کے قضاۃ ہیں۔(۱۴)

یہ محکمہ دور فاروقی میں وسیع ہوتا گیا تھا اپنے اسلاف کی طرح خود فاروق اعظمؓ بھی مقدمات کا فیصلہ کرتے ایک عورت اپنے شہر کو چھوڑ کر کسی دوسرے شہر میں اس کی لونڈی سے دوران سفر میں جماع کر لیا تھا۔ آپ نے اس شہر سے دریافت فرمایا اس نے عرض کیا کہ حضرت میری عورت نے اس لونڈی کو ہبہ کر دیا تھا۔ حضرت عمرؓ نے فرمایا تم دلیل لاؤ ورنہ تمہیں سنگسار کر دوں گا مگر اس کے بعد عورت نے خود ہی اقرار کر لیا کہ اس نے شوہر کو ہبہ کر دیا تھا۔ صرف مسلمان ہی نہیں غیر مسلم بھی اپنے مقدمات حضرت عمرؓ کی خدمت میں پیش کرتے اور کبھی ایسا بھی ہوتا کہ فیصلہ غیر مسلم کے حق میں ہوتا ایک مسلمان اور ایک یہودی دونوں حضرت عمرؓ کی خدمت میں حاضر ہوئے حضرت عمرؓ نے یہودی کی طرف دیکھا اور اس کے حق میں فیصلہ کر دیا۔ (۱۵)

دور فاروقی گزر جانے کے بعد دور عثمانی آیا حضرت عثمانؓ اس محکمہ میں کوئی خاص تبدیلی پیدا نہ کی انہوں نے اپنے خلافت کے دوران میں عمر فاروق کی پیروی کی خوبی سے بعض معاملات کا فیصلہ کرتے خلافت کا تاج پہنتے ہی ان کے سامنے سب سے پہلا مقدمہ حضرت فاروقؓ کے صاحبزادے حضرت عبیداللہؓ کا پیش کیا گیا انہوں نے ہرمزان اور جفینہ کو اس گمان میں قتل کر دیا تھا کہ وہ دونوں حضرت عمر فاروقؓ کی شہادت کی سازش میں شریک تھے عثمان ابن عفان رضی اللہ عنہ بیعت کے بعد مسجد میں تشریف فرما ہوئے اور عبیداللہ بن عمرؓ کو بلایا مہاجرین و انصار بھی وہاں موجود تھے آپ نے لوگوں سے کہا کہ آپ لوگ مشورہ دیں کہ میں کیا کروں۔ حضرت علیؓ نے فرمایا میں اسے مناسب سمجھتا ہوں کہ آپ ان کو قتل کر دیں لیکن بعض مہاجرین نے کہا ابھی کل عمرؓ شہید کئے گئے ہیں اور آج ان کا بیٹا قتل کیا جائے۔ حضرت عمر بن عاصؓ نے عرض کیا حضرت اللہ تعالی نے آپ کو مجاز بنا دیا ہے کہ آپ مسلمانوں کے معاملے میں جو چاہیں کریں۔۔ آج یہ معاملہ پیش ہے کیا

آپ کو پورا اختیار نہیں؟ حضرت عثمانؓ نے فرمایا ہاں مقتولین کا ولی ہوں اور میں دیت چاہتا ہوں جسے میں اپنے مال سے ادا کروں گا۔ یہ بہترین اس مشکل کا حل تھا۔ (۱۷)

ہمیں دور عثمانی میں محکمہ قضا کی کوئی خاص تفصیل نہیں ملتی جس سے یہ معلوم ہو کہ حضرت عثمانؓ نے کوئی تبدیلی کی ہو۔ مورخین عام طور پر حضرت عمر فاروقؓ کے متعلق محکمہ قضا کی تفصیلات دیتے ہیں اور اس کے بعد حضرت عثمانؓ کے قضا کا تذکرہ کہیں کہیں ضمناً کر دیتے ہیں۔ لیکن جہاں تک مطالعہ کرنے سے معلوم ہوتا ہے کہ حضرت عثمانؓ نے اگر کوئی اس شعبہ کو ترقی نہ دی تو اس میں کچھ کمی بھی نہ ہونے دی۔ حضرت عثمانؓ کے آخری دور میں مختلف دیار و امصار کے امراء کے متعلق کافی شکایتیں موصول ہوئی مگر کہیں بھی قاضیوں کے متعلق کوئی شکایت نہیں ہوئی۔

عثمانی دور کے بعد حضرت علیؓ کی خلافت شروع ہوتی ہے ان کی خلافت ہنگاموں اور لڑائیوں میں گزری جس کی وجہ سے مورخین عموماً ان لڑائیوں کی تفصیلات ہی زیادہ لکھتے ہیں تاہم ضمناً قضا کے واقعات کا تذکرہ بھی آ جاتا ہے۔ حضرت علیؓ چونکہ خود بہت بڑے قاضی تھے۔ آنحضورؐ نے ان کے متعلق فرمایا تھا۔ اقضاهم علي (۱۷) (ترجمہ) قضا کی لیاقت لوگوں میں سب سے زیادہ حضرت علیؓ میں ہے۔

اس لئے حضرت علیؓ نے نہ صرف محکمہ قضا برقرار رکھا بلکہ اس کے انتظامی شعبوں میں اور ترقی دی خود بھی کبھی کبھی مستند قضایا پر متمکن ہوتے اور فیصلہ کرتے تاریخ وسیر کی کتابوں میں ان کے فیصلے منقول ہیں۔ ہم مقالہ کی طوالت کی وجہ سے اس وقت کوئی واقعہ نقل نہیں کر سکتے۔ (۱۸)

حضرت علیؓ نے بھی اپنے قاضی مختلف شہروں اور جگہوں میں متعین کئے ان کے دور میں پائے سلطنت کوفہ کے مشہور قاضی شریح تھے جن کا تذکرہ پہلے ہو چکا ہے۔

میں نے ابھی تک محکمہ قضا کا تذکرہ اجمالی طور پر

کر دیا ہے اور خلفاء کے بعض فیصلے بھی نقل کر دیئے ہیں جن سے یہ معلوم ہو گا کہ قضا کا انتظام ہر خلیفہ کے دور میں کس نہ کسی حال میں ضرور رہا ہے۔ اب آپ کے سامنے بعض عنوانات کے تحت اور تفصیلات رکھوں گا۔

اصول قضا

حضرت ابوبکرؓ کے بعد حضرت عمر فاروقؓ نے قضا کا با قاعدہ محکمہ قائم کیا تو اس کے لئے آئین و قوانین بھی متعین فرمائے جو تمام کے تمام قرآن و حدیث سے مستنبط تھے ہمارے سامنے اس وقت دو فرمان موجود ہیں۔ ایک فرمان وہ ہے جسے علامہ شبلیؒ نے طبقات الفقہاء، علامہ بیہقی کے حوالے سے الفاروق میں نقل کیا ہے جو کوفہ کے قاضی ابو موسیٰ اشعریؓ کے نام ہے اور دوسرا فرمان ہے جسے مشہور مورخ حضریؒ نے اپنے محاضرات تاریخ الامم الاسلامیہ میں نقل کیا ہے جو قیس بن ابی العاص قاضی مصر کے نام ہے دونوں کے الفاظ ہم ملتے جلتے ہیں اور مفہوم تقریباً ایک ہی ہے۔ علامہ شبلیؒ نے پھر اس فرمان کا خلاصہ کیا ہم اسی خلاصہ پر اکتفا کرتے ہیں۔

(١)۔ قاضی کو عدالتانہ حیثیت سے تمام لوگوں کے ساتھ یکساں برتاؤ کرنا چاہیے۔ ٢۔ بار ثبوت عموماً مدعی پر ہے۔ ٣۔ مدعا علیہ اگر کسی قسم کا ثبوت یا شہادت نہیں رکھتا ہو تو اس سے قسم لی جائے گی۔ ٤۔ فریقین ہر حالت میں صلح کر سکتے ہیں لیکن جو امر خلاف قانون ہے اس میں صلح نہیں ہو سکتی۔ ٥۔ قاضی خود ہی اپنی مرضی سے مقدمہ کے فیصلے کرنے کے بعد اس میں نظرِ ثانی کر سکتا ہے۔ ٦۔ مقدمہ کی پیشی کی ایک تاریخ معین ہونی چاہیے۔ ٧۔ تاریخ معینہ پر اگر مدعا علیہ حاضر نہ ہو تو مقدمہ یک طرف فیصل کیا جائے گا۔ ٨۔ ہر مسلمان قابل ادائے شہادت ہے لیکن جو شخص سزا یافتہ ہو، جس کا جھوٹی گواہی دینا ثابت ہو وہ قابل شہادت نہیں۔ (١٩)

یہی وہ اصول تھے جن پر محکمہ قضا کی بنیاد یں استوار ہوئیں اور بعد کو ان میں کوئی تبدیلی پیدا نہ ہوئی۔ یہ اصول اپنے زبان حال ہی سے اپنے کامل و مکمل ہونے کی شہادت دے رہے ہیں ان پر مزید تبصرہ کی ضرورت محسوس نہیں کرتا۔

قاضیوں کی ایمانداری:

خلفائے راشدین کے دور میں تاریخ ایک بھی ایسا قاضی (Judge) پیش نہیں کرتی جس پر کسی قسم کی بد دیانتی کا الزام ہو بلکہ ان کا ہر ایک فرد شریعت کا مکمل پابند ہوتا اور صحیح فیصلوں تک پہنچنے کی پوری پوری کوشش کرتا عبد اللہ بن مسعودؓ کوفہ کے قاضی تھے اپنے فیصلوں میں کسی کی رعایت نہ کرتے اور نہ اپنے اس عہد کی وجہ سے یہ چاہتے کہ لوگ ان کی عزت کریں ان کی مشایعت میں چلیں جیسا کہ آج کل کے حکام کا شعار بن چکا ہے ایک بار نکلے کچھ لوگ ان کے ساتھ ساتھ چلنے لگے رک کے فرمایا کیا تمہیں کوئی ضرورت ہے لوگوں نے عرض کیا نہیں فرمایا لوٹ جاؤ کیونکہ اس طرح چلنا تابع کے لئے ذلت اور متبوع کے لئے فتنہ ہے۔ (٢٠)

مساوات:

امیر ہو یا غریب، راعی ہو رعایا ان کی نظر میں سب یکساں تھے۔ قاضی شریحؒ ایک مشہور قاضی ہیں۔ ان کو حضرت عمرؓ نے متعین کیا تھا۔ حضرت علیؓ جب خلیفہ ہوئے تو انہوں نے بھی انہیں برقرار رکھا۔ یہ کوفہ کے قاضی تھے حضرت علیؓ کی زرہ گم ہو گئی تھی اتفاق سے ایک یہودی کے پاس اسے دیکھ لیا فرمایا زرہ میری ہے اسے میں نے تمہارے ہاتھ فروخت کیا ہے اور نہ ہبہ کیا ہے یہودی نے کہا زرہ میری ہے اور میرے قبضے میں ہے حضرت علیؓ نے قاضی شریحؒ کی عدالت میں مقدمہ دائر کیا قاضی شریحؒ نے یہودی سے دریافت کیا تم کیا کہتے ہو اس نے کہا کہ زرہ میری ہے اور میرے قبضے میں ہے پھر حضرت علیؓ سے دریافت کیا آپ کے پاس کوئی دلیل یا شہادت ہے فرمایا ہاں قنبرؓ اور حسنؓ شاہد ہیں قاضی شریحؒ نے کہا کہ بیٹے کی شہادت باپ کے لئے جائز نہیں۔ (٢١) بالآخر فیصلہ یہودی کے حق میں ہوا گر یہودی نے

دیکھ کر زرہ بھی واپس کردی اور خود مشرف بہ اسلام ہو گیا۔ اس فیصلہ پر نگاہ ڈالنے جہاں ایک طرف مدعی بنا ہوا ہے اور مدعا علیہ حقیر آدمی ہے اور سونے پہ سہاگہ کہ یہ غیر مسلم ہے مگر قاضی کے فیصلے میں ذرا سی لچک نہیں ہوتی۔ اور وہ صاف وہی فیصلہ کرتا ہے جو اصول اور قانون کے مطابق ہے۔

قاضیوں کو تنبیہ

دراصل اس کی وجہ یہ تھی کہ خلفاء خود بھی قاضیوں کو پوری تاکید کرتے تھے کہ وہ اصول وضوابط کے خلاف نہ کریں اور موقعہ بموقعہ ان کو تنبیہ بھی کر دیا کرتے تھے ایک دفعہ حضرت عمرؓ اور ابن ابی کعبؓ میں کچھ نزع ہوئی ابی کعبؓ نے زید بن حارثؓ کے یہاں مقدمہ دائر کیا حضرت عمرؓ مدعی علیہ کی حیثیت سے حاضر ہوئے زید بن حارثؓ نے تعظیم دی حضرت عمرؓ نے فرمایا یہ تمہارا پہلا ظلم ہے پھر کہہ کر ابی کے برابر بیٹھ گئے۔ ابی کے پاس کوئی ثبوت نہ تھا۔ اور حضرت عمرؓ نے دعوی سے انکار کیا ابی نے قاعدے کے مطابق حضرت عمرؓ سے قسم لینی چاہی لیکن زیدؓ نے ان کے رتبہ کو دیکھ کر ابی سے درخواست کی امیر المومنین کو قسم سے معاف رکھو حضرت عمرؓ اس طرفداری پر برہم ہوئے اور زید کی طرف مخاطب ہو کر کہا جب تک تمہارے نزدیک ایک عام آدمی اور عمرؓ دونوں برابر نہ ہوں تم منصب قضا کے قابل نہیں سمجھے جاسکتے۔ (۲۲)

فیصلوں کی ارزانی

خلفائے راشدین کے دور مسعود میں قاضیوں کا جو حال رہا شاید تاریخ ایسے لوگوں کو پیش نہیں کرسکتی جن سے ایسے حالات ظاہر ہوں مگر جو سب سے بڑی چیز ان کے دور میں تھی وہ یہ تھی کہ فیصلے انتہائی آسانی سے ہو جاتے دور حاضر کی طرح تاریخوں پر تاریخیں نہیں پڑتی تھیں بلکہ ادھر مدعی اور مدعا علیہ آئے اور شہادت لی گئیں اگر شہادت نہیں ہے تو قسم پھر معاملہ صاف تھا۔ عبدالرحمن بن عوف رضی اللہ عنہ کی ایک نالی ایک شخص کے باغ سے گزرتی تھی انہوں نے بدلنا چاہا مگر باغ والے نے رد

کر دیا۔ دونوں حضرت عمرؓ کے پاس حاضر ہوئے اور اپنی باتیں پیش کیں حضرت عمرؓ نے سنان کو بدلنے کی اجازت دے دی۔ ایک شامی حضرت عمرؓ کی خدمت میں آیا اور اپنی عورت کے متعلق شکایت کی کہ اس کا ایک شخص کے ساتھ ناجائز تعلق ہے حضرت عمرؓ نے فوراً ابو واقد حبشی کو اس کی طرف بھیجا انہوں نے اس سے دریافت کیا کافی اصرار کے بعد اس نے اقرار کر لیا۔ حضرت عمرؓ نے اس کے بعد رجم کا فیصلہ کر دیا۔ (۲۳)

اس قسم کے بہترے واقعات ہیں شاید ہی کوئی مقدمہ ایسا ہو جس کے فیصلہ کرنے میں قاضیوں کو کئی دن لگ گئے ہوں، مہینوں اور سالوں کا تو کوئی ذکر نہیں۔

خلفاء راشدین کے دور مبارک کے اس محکمہ کی اگر یہی خوبی دیکھی جائے تو دور حاضر کے متمدن سے متمدن حکومت میں اس کی مثال نہیں مل سکتی پس دور ماندہ ممالک کو تو چھوڑیے ان ملکوں میں دیکھتے ہیں جہاں کے رہنے والے اپنے تہذیب و تمدن کا دیوتا اور تمدن کا علمبردار کہتے ہیں تو آپ کو ان فیصلوں کی صحیح قیمت کا اندازہ ہو گا۔

الغرض خلفائے راشدین کے دور میں قضاء کا بڑا اچھا انتظام رہا اور دنیا کے سامنے ایک ایسی مثالی عدالت آئی جہاں فیصلے روپوں کے بل بوتے پر نہیں بلکہ حق وانصاف کے بھروسے پر ہوئے جس عدالت کے قاضیوں نے شاہ و گدا اور وزیر اعظم اور چپراسی کو ایک نگاہ سے دیکھا۔ دنیا کو پھر ایسے قاضیوں اور ایسی ہی عدالتوں کی ضرورت ہے تاکہ انصاف قائم ہو سکے اور دنیا کو انصاف کے لیے جو وقت اور وقت خرچ کرنا پڑتا ہے اس سے نجات مل جائے

۱)۔۔ ۔ (۲) مشکوٰۃ شریف ہے ،س:۴ (۳) کنز العمال بحوالہ الفاروق جلد ۲:۲۱۴ (۴) فرستادہ ،ص (۵) کنز العمال بحوالہ الفاروق (۶) خضری جلد ۲: (۷) تاریخ الخلفاء،ص:۹۳ (۸) الفاروق ،ص:۲۶۴ (۹) خضری ،ص، ۱۳، جلد ۲: (۱۰) صفۃ الصفوۃ (۱۱) الفاروق (۱۲) خضری (۱۳) الفاروق (۱۴) ازالۃ الخفاء مقصد ثانی، جلد ۲، ص:۱۲۱ (۱۵) مشکوٰۃ ،ص: ۲۷ (۱۶) خضری جلد ۲:۳۹ (۱۷) ایضاً (۱۸) ایسے واقعات ازالۃ الخلفاء او اخبار القضاۃ میں کافی ہیں (۱۹) الفاروق (۲۰) صفۃ الصفوۃ جلد :س: ۱۶۰ (۲۱) تاریخ الخلفاء ملخصاً ،ص ۷۵ (۲۲) الفاروق (۲۳) ازالۃ الخفاء ،ص ۱۳۱

مفتی امانت علی قاسمی
استاذ دارالعلوم حیدرآباد

رمضان المبارک میں کرنے کے ضروری کام

رمضان المبارک نیکیوں اور برکتوں کا مہینہ ہے، اللہ تعالیٰ کی الطاف وعنایات کے نزول کا موسم ہے، یہ نیکیوں کی بہار کا مہینہ ہے جس میں خزاں کی ویرانی نہیں ہوتی، بلکہ رحمت کی برسات ہوتی ہے، نیکیوں کی کاشت کی جاتی ہے اور ثواب و اخروی سرخ روئی کی فصل کاٹی جاتی ہے۔ یہ وہ مہینہ ہے جس کا ایک عشرہ رحمت، ایک عشرہ مغفرت اور ایک عشرہ جہنم سے خلاصی کا ہے، اس مہینہ میں اعمال کا ثواب بڑھا دیا جاتا ہے اور نفل کا ثواب فرض کے برابر اور ایک فرض کا ثواب ستر فرض کے برابر ملتا ہے۔ یہ مہینہ اللہ کی رضا اور خوشنودی حاصل کرنے کا بہترین ذریعہ ہے، اپنی آخرت کو سنوارنے اور بنانے کا بہترین موقع ہے، اس لیے نیک بختوں اور آخرت کی کامیابی کے متوالوں کو اس مہینہ کی قدر کرنی چاہیے اور اس مہینہ کو اللہ تعالیٰ کی رضا کے مطابق گزارنے کی کوشش کرنی چاہیے۔ اس مہینہ میں دنیوی اور معاشی ضروریات اور کاروبار میں کمی کرکے نیک کاموں میں اضافہ کرنا چاہیے، اس مہینہ کے جو خصوص اعمال ہیں اس کا خوب اہتمام کرنا چاہیے، رمضان کی آمد سے پہلے ہی بہتر طریقے سے رمضان گزارنے کا منصوبہ بنانا چاہیے تاکہ ہمارا وقت ضائع نہ ہو اور ہم خیر و برکت سے محروم نہ ہوجائیں۔

رمضان المبارک کی خصوصیات

رمضان کو تمام مہینوں پر فضیلت حاصل ہے، یہ وہ مہینہ ہے جس میں قرآن کریم کا نزول ہوا، اس مہینہ کے روزہ کو فرض قرار دیا گیا۔ ایک حدیث میں رمضان کی خصوصیات کا ذکر کرتے ہوئے فرمایا ﷺ ''تمہارے اوپر ایک مہینہ آرہا ہے جو بہت بڑا مہینہ ہے، بہت مبارک مہینہ ہے، اس میں

ایک رات ہے (شب قدر) جو ہزار راتوں سے بڑھ کر ہے، اللہ تعالیٰ نے اس کے روزے کو فرض قرار دیا اور اس کے رات کے قیام تراویح کو ثواب کی چیز بنایا ہے، جو شخص بھی اس مہینہ میں کسی نفل کو ادا کرے وہ ایسا ہے جیسا کہ غیر رمضان میں فرض ادا کرے، اور جو شخص اس مہینہ میں کسی فرض کو ادا کرے وہ ایسا ہے جیسے غیر رمضان میں ستر فرض ادا کرے، یہ مہینہ صبر کا ہے اور صبر کا بدلہ جنت ہے۔ یہ مہینہ لوگوں کی غمخواری کرنے کا ہے، اس مہینہ میں مومن کا رزق بڑھا دیا جاتا ہے، جو شخص روزہ دار کو افطار کرائے تو یہ اس کے گناہوں کی معافی اور آگ سے خلاصی کا سبب ہے اور روزہ دار کے ثواب کی طرح اس کو ثواب ملے گا اور روزہ دار کے ثواب میں کمی نہیں کی جائے گی۔ صحابہ کرام نے عرض کیا یا رسول اللہ! ہم میں سے ہر شخص اتنی وسعت نہیں رکھتا ہے کہ روزہ دار کو افطار کرائے تو آپ ﷺ نے فرمایا ثواب پیٹ بھر کر کھلانے پر موقوف نہیں بلکہ ایک کھجور سے افطار کرانے یا ایک گھونٹ پانی یا لسی پلانے سے بھی مل جائے گا، جو شخص اس مہینہ میں اپنے غلام اور خادموں کا بوجھ ہلکا کرے تو اللہ تعالیٰ اس کی مغفرت فرمادیتے ہیں۔ (صحیح ابن خزیمہ، باب فضائل رمضان، حدیث نمبر ۱۸۸۷)

رمضان المبارک میں کرنے کے کام

حدیث اگر چہ تفصیلی ہے، لیکن اس سے رمضان المبارک کی خصوصیات، فضائل اور اس میں کرنے کے چند ضروری کاموں کی نشان دہی ہو جاتی ہے اور رمضان کی قدر و عظمت کی ترغیب بھی ہوتی ہے۔ اس مہینہ میں ہمیں کن کاموں کا خوب اہتمام کرنا چاہیے اور کس طرح اوقات کو فارغ کر کے

اس مہینہ کو اپنے لیے خیر و برکت کا ذریعہ بنانا چاہیے اس کا مختصر تذکرہ یہاں کیا جاتا ہے۔

رمضان المبارک کا روزہ

رمضان کا سب سے اہم عمل روزہ ہے، یہ اسلام کا ایک رکن ہے اور جس طرح نماز اور زکات فرض ہے اسی طرح رمضان کا روزہ بھی فرض ہے۔ روزہ کی احادیث میں بڑی فضیلت آئی ہے، ایک حدیث میں ہے: ''روزہ ایک ڈھال ہے جس کے ذریعے بندہ جہنم کی آگ سے بچتا ہے،'' (سنن النسائی، حدیث نمبر: ۲۲۳۱) دوسری حدیث میں ہے: جس نے اللہ تعالی کے راستے میں ایک دن روزہ رکھا تو اللہ تعالی اس کے چہرے کو جہنم سے ستر سال کی مسافت کے بقدر دور کر دیتا ہے (صحیح مسلم، باب فضل الصیام، حدیث نمبر: ۱۱۵۳) صحیح مسلم کی حدیث میں ہے: پانچوں نمازیں، ایک جمعہ دوسرے جمعہ تک اور ایک رمضان دوسرے تک کے گناہوں کا کفارہ ہوتے ہیں بشرطیکہ کبیرہ گناہوں سے پرہیز کیا جائے (صحیح مسلم، باب الصلوات الخمس والجمعۃ، حدیث نمبر: ۲۳۳) ایک دوسری حدیث میں ہے جس نے رمضان کے روزے اور اس کے بعد شوال میں چھ نفلی روزے رکھے وہ شخص ایسے ہے جیسے وہ ہمیشہ روزہ رکھنے والا ہے (صحیح مسلم، باب استحباب صوم ستۃ ایام من شوال حدیث نمبر: ۱۱۶۴)

روزہ کے فوائد

روزہ کی بہت سی حکمتیں ہیں جو غور کرنے والوں کو حاصل ہو جاتی ہیں۔ حکیم الامت حضرت تھانویؒ نے روزہ کے متعدد فوائد کا تذکرہ کیا ہے جس کو اختصار کے ساتھ یہاں ذکر کیا جاتا ہے (۱) روزہ سے انسان میں خشیت و تقوی کی صفت پیدا ہوتی ہے (۲) روزہ رکھنے سے انسان میں عاجزی و مسکنت اور خدا تعالی کے جلال اور اس کی قدرت پر نظر پڑتی ہے (۳) روزہ سے چشم بصیرت کھلتی ہے (۴) درندگی و بہیمیت سے دوری ہوتی ہے (۵) خدا تعالی کی شکر گزاری کا موقع ملتا ہے (۶) انسانی ہمدردی دل میں پیدا ہوتی ہے (۷) روزہ جسم و روح کی صحت و تندرستی کا سبب ہے (۹) روزہ انسان کی روحانی غذا ہے (۱۰) روزہ محبت الہی کا ایک بڑا نشان ہے (تحفہ رمضان ص: ۳۱)

دعا کی کثرت

اس مہینہ میں دعا کی خوب کثرت کرنی چاہیے، اس لیے کہ یہ دعا کی قبولیت کا مہینہ ہے، اس مہینہ میں ہر شخص روزہ کی حالت میں ہوتا ہے جو اخلاص عمل کا بہترین نمونہ ہے، تراویح، تلاوت قرآن، ذکر و اذکار میں مشغول ہونے اور گناہوں سے دور رہنے کی وجہ سے انسان میں فرشتے کی مشابہت بہت پیدا ہو جاتی ہے اور انسان میں معصومیت کی صفت آ جاتی ہے اور بندہ اللہ تعالی کا محبوب اور پسندیدہ بن جاتا ہے، اس حالت میں جب اپنے رب سے مانگتا ہے، تو اللہ تعالی اسے نوازتے ہیں، اس لیے کہ بندے کا مانگنا اللہ تعالی کو بے حد پسند ہے، پھر اس مہینہ میں اللہ تعالی اپنی رحمت کے دہانے کھول دیتا ہے؛ اس لیے قبولیت کی زیادہ امید پیدا ہو جاتی ہے۔ البتہ دعا کی قبولیت کے جو آداب ہیں ان کی رعایت کرنی چاہیے، مثلا عام حالات میں حلال غذا کا اہتمام ہونا چاہیے اور حرام سے اجتناب ہونا چاہیے خاص طور پر رمضان المبارک میں حلال کا حد درجہ اہتمام کرنا چاہیے، با وضو ہو کر نہایت خشوع و خضوع، عاجزی اور خوف و گریہ زاری کے ساتھ دعا مانگنی چاہیے، افطار اور تہجد کے وقت دعائیں زیادہ قبول ہوتی ہیں، قبولیت کے یقین کے ساتھ خدا کی بارگاہ میں حاضری ہونی چاہیے۔ دعاؤں میں اس کا بھی خیال رہنا چاہیے کہ صرف اپنے لیے نہیں؛ بلکہ اپنے عزیز و اقارب، رشتہ دار، دوست و احباب اور متعلقین کو بھی دعاؤں میں یاد کریں اور ان کی ضرورتوں کے لیے خدا کے دربار میں بھیک کا ہاتھ پھیلائیں!اس لیے کہ ایک مسلمان اپنے بھائی

تلاوتِ قرآن

رمضان المبارک کو قرآن کے ساتھ خاص مناسبت ہے، اسی مہینے میں قرآن کا نزول ہوا، حضرت جبریل امینؑ کو ہر رمضان پورا قرآن سناتے تھے اور جس سال آپ ﷺ کا وصال ہوا، اس سال آپ نے دو مرتبہ دور سنایا تھا، آپ ﷺ باوجود کہ قرآن کریم کے حافظ تھے لیکن بعض صحابہ سے آپ قرآن کریم سنا کرتے تھے، یہی وجہ ہے کہ صحابہ کرام اس مہینے میں قرآن کریم کا خوب اہتمام کرتے تھے، بعض صحابہ دس دن میں اور بعض سات دن میں اور بعض تین دن میں قرآن کریم ختم کرلیا کرتے تھے۔ حضرت امام ابوحنیفہؒ رمضان میں اکسٹھ قرآن ختم کیا کرتے تھے، دیگر اسلاف سے بھی قرآن کریم کی کثرت سے تلاوت ثابت ہے، اس لیے اس مہینے میں قرآن کی خوب تلاوت کرنی چاہیے، البتہ ایک بات کا خاص خیال رکھنا ضروری ہے کہ قرآن کریم کی تلاوت کے آداب کی خوب رعایت ہو، ہمارے درمیان ایک بہت بڑی کمی یہ پائی جاتی ہے کہ ہم قرآن کو سمجھنے کی کوشش نہیں کرتے ہیں، جس کی وجہ سے ہمیں تلاوتِ قرآن میں وہ لطف نہیں ملتا جو حضرات صحابہ اور اسلاف کو ملا کرتا تھا، ہمیں یہ بھی نہیں معلوم ہوتا کہ قرآن ہم سے کیا خطاب کر رہا ہے؟ اور اس کے کیا تقاضے ہیں؟ اور ان تقاضوں پر کس طرح عمل کیا جا سکتا ہے؟ اس لیے ضروری ہے کہ رمضان میں کم از کم تفسیر کے حلقے قائم کرکے قرآن فہمی کی کوشش کریں تاکہ ہم معانی و مفاہیم کو سمجھ کر تلاوت کرسکیں، اگر چہ قرآن کی تلاوت کا ثواب سمجھنے پر موقوف نہیں ہے بلکہ بغیر سمجھے پڑھنے پر بھی ثواب ملتا ہے، حکیم الامت حضرت تھانویؒ نے لکھا ہے کہ "ایک حیثیت سے اس شخص پر حق تعالیٰ کی زبردست عنایت ہوگی جو بغیر سمجھے کلام اللہ شریف کی تلاوت کرتا ہو؛ کیوں کہ صرف حقِ تعالیٰ کی محبت اس کا باعث ہو سکتی ہے، سو کلام اللہ اصل نفع اس کے سمجھنے پر موقوف نہیں ہے" اس پر حضرت تھانویؒ نے امام احمد بن حنبلؒ کا ایک خواب نقل کیا ہے" کہ امام احمد بن حنبلؒ نے حق تعالیٰ سبحانہ کو خواب میں دیکھا، عرض کیا اے اللہ! وہ کون سا عمل ہے جو آپ سے زیادہ قریب کرنے والا ہے، ارشاد ہوا: وہ عمل تلاوت قرآن ہے، آپ نے عرض کیا بفہم او بلا فہم مجھ کر یا بغیر سمجھے، ارشاد ہوا بفہم او بلافہم سمجھ کر ہو یا بغیر سمجھے، راز اس میں یہ ہے کہ مصنف اپنے کلام کے پڑھنے سے خوش ہوا کرتا ہے، پس جب بندہ حق تعالیٰ کے کلام کو پڑھے گا تو اللہ تعالیٰ خوش ہوں گے۔ (تحفۂ رمضان ص: ۴۶)

تراویح

رمضان کے ساتھ قرآن کی اسی مناسبت کی وجہ سے رمضان میں ایک مخصوص نماز کو مسنون قرار دیا گیا ہے جسے تراویح کا نام دیا جاتا ہے۔ موطا مالک کی حدیث میں ہے حضور پاک ﷺ نے فرمایا: اللہ تعالیٰ نے تمہارے لیے رمضان کے روزے کو فرض کیا اور میں نے اس کی راتوں کو جاگنے یعنی تراویح کو مسنون کیا ہے (مسند احمد، حدیث عبدالرحمن بن عوف الزھری، حدیث نمبر ۱۶۸۹)۔ یحییٰ بن سعید قطانؒ سے مروی ہے کہ حضرت عمرؓ نے اس شخص کو حکم دیا کہ لوگوں کو مسجد نبوی میں بیس رکعت تراویح پڑھائیں (مصنف ابن ابی شیبہ، باب کم یصلی فی رمضان من رکعۃ، حدیث ۷۶۸۲) حضرت سائب بن یزید سے روایت ہے کہ حضرت عمرؓ کے عہد خلافت میں صحابہ و تابعین رمضان میں بیس رکعت تراویح پڑھا کرتے تھے (سنن الکبری للبیہقی، باب ماروی فی عدد رکعات القیام، حدیث نمبر ۴۳۹۰)

ائمہ اربعہ میں امام احمد، امام شافعی اور امام ابوحنیفہ کے نزدیک تراویح بیس رکعت ہے، امام مالک کے نزدیک چھتیس رکعت ہے (المغنی لابن قدامہ ۲/۱۷۲) آج تک حرمین شریفین میں اسی سنت پر عمل ہور ہا ہے، خلفاء راشدین کے زمانہ سے آج تک کوئی دور ایسا نہیں گزرا جس میں تراویح بیس رکعت سے کم پڑھی گئی ہو۔ معلوم ہوا کہ تراویح بیس رکعت ہی سنت ہے اس لیے تراویح بیس رکعت ہی پڑھنا چاہیے۔

امام ابوحنیفہ کے نزدیک تراویح کی نماز سنت مؤکدہ ہے جس کا چھوڑنا جائز نہیں تراویح میں دو چیزیں علیحدہ علیحدہ سنت ہیں، پورے رمضان تراویح پڑھنا، یہ ایک الگ سنت ہے اور تراویح میں قرآن ختم کرنا یہ علیحدہ سنت ہے، حضرت تھانویؒ تراویح میں قرآن ختم کرنے کی حکمت پر گفتگو کرتے ہوئے فرماتے ہیں کہ: ''قرآن کا نزول رمضان کے مہینہ میں ہوا واپس جو شخص اس میں قرآن ختم کرتا ہے وہ تمام برکات کا وارث ہو جاتا ہے؛ کیوں کہ رمضان کا مہینہ تمام خیر و برکات کا جامع ہے اور ہر قسم کی خیر و برکتیں جو پورے سال ملتی ہیں وہ اسی عظیم الشان مہینہ کی برکت سے آتی ہیں، گویا اس مہینہ کی دل جمعی اور یکسوئی پورے سال کی جمعیت خاطر اور یکسوئی کا باعث ہوتی ہے اور اس مہینہ کی پراگندگی و بد حالی پورے سال کی بد حالی کا سبب ہو تی ہے اس لیے اس مہینہ میں تراویح کا اہتمام اور خاص طور پر ختم قرآن کا اہتمام ہونا چاہیے (تحفہ رمضان ص: ۸۸) مولانا تھانوی کی اس بات سے ایک دوسری بات یہ نکلتی ہے کہ ہمیں رمضان میں عبادت کے لیے یکسو ہو جانا چاہیے اور ہر قسم کی مشغولی کو ترک کر دینا چاہیے، بڑی محرومی کی بات ہے کہ ہم رمضان جیسے عظمت و فضیلت والے مہینے کو مشغولیت اور کھانے پینے اور عید کی تیاری میں گزار دیں اور بڑے ہی عظمند اور خوش نصیب ہیں وہ لوگ جو رمضان کو عبادت کے لیے فارغ کر لیتے ہیں اور تمام مشغولیت کو ترک کر دیتے ہیں اس لیے کہ رمضان کی یکسوئی پورے سال کی یکسوئی کا باعث ہے۔

نماز تہجد

تراویح کے ساتھ اس مہینہ میں راتوں کو جاگنا اور تہجد پڑھنے کا خاص اہتمام کرنا سعادت و نیک بختی اور زندگی کو نیکی سے مالا مال کرنے کا باعث ہے، راتوں کو جاگنا، اللہ کے حضور عجز و نیاز بجا لانا، عبادت کرنا، خدا کے دربار میں رو رو کر گڑ گڑا نا، خدا کے سامنے ہاتھ پھیلانا، اور اپنی عبودیت و بندگی کا اظہار کرنا؛ یہ وہ چیزیں ہیں جو اللہ تعالیٰ کو بہت پسند ہیں، موقع اور موسم کی مناسبت سے ہمیں بھر پور فائدہ اٹھانا چاہیے، رمضان میں سحری کے لیے عام طور پر اٹھتے ہیں اگر سحری سے پہلے خدا کے دربار میں حاضری لگا دی جائے اور اپنی حاجت کا اظہار کر دیا جائے تو یہ بہت بڑی سعادت ہے اور اگر اٹھنے کے باوجود خدا کے حضور سجدہ نہ کیا جائے تو اس سے بڑی محرومی اور کیا ہوگی۔

قرآن کریم میں اللہ تعالیٰ نے رحمٰن کے بندوں کی جو صفات بیان کی ہیں ان میں ایک یہ ہے کہ ''ان کی راتیں اپنے رب کے سامنے قیام و سجود میں گزرتی ہیں'' (الفرقان ۶۴) حضور پاک ﷺ نے فرمایا: ''جس نے رمضان کی راتوں میں قیام کیا ایمان کی حالت میں ثواب کی نیت سے تو اس کے پچھلے گناہ معاف کر دیے جاتے ہیں'' (موطا مالک، الترغیب فی الصلوۃ فی رمضان، حدیث نمبر: ۶۳۷) راتوں کو جاگنا اور گناہ اور عبادت کرنا آپ ﷺ کا عام معمول تھا بلکہ رمضان کے اخیر عشرہ میں آپ ﷺ گھر والوں کو بھی اٹھانے کا اہتمام فرماتے تھے، آپ ﷺ کی پیروی میں حضرات صحابہ و تابعین بھی راتوں کو جاگنے کا اہتمام کرتے تھے، اس لیے خیر کے طالب اور نیکی کے متلاشی کو رمضان کی راتوں میں جاگنے کا اور رات کے آخری حصہ میں تہجد پڑھنے اور خدا سے مانگنے کا اہتمام کرنا چاہیے؛ اس لیے کہ اس وقت جاگنا اور رب سے مانگنا انتہائی اہمیت اور بڑے اجر و ثواب کا حامل ہے۔ حدیث میں ہے کہ اللہ تعالیٰ رات کے آخری پہر میں آسمان دنیا پر نزول فرماتا ہے اور اللہ کا منادی آواز لگا تا ہے کہ

کون ہے جو مجھ سے مانگے اور میں اس کی دعا قبول کروں؟ کون ہے جو مجھ سے سوال کرے اور میں اسے عطا کروں؟ کون ہے جو مجھ سے مغفرت طلب کرے اور میں اسے بخش دوں؟ (مسند احمد، مسند ابی ہریرہ حدیث نمبر ۹۵۹۱)

صدقہ و خیرات

یہ مہینہ غمخواری کا ہے، لوگوں کی ضرورت پوری کرنے کا مہینہ ہے؛ اس لیے اس ماہ میں صدقہ و خیرات کا اہتمام کرنا چاہیے، اللہ تعالیٰ کی رضا کے لیے فقراء و مساکین، یتامیٰ و بیوگان اور معاشرے کے معذور و بے سہارا افراد کی ضروریات پوری کرنا، ان کی خبر گیری کرنا، جن کے پاس لباس نہیں ہے انہیں کپڑے پہنانا، بھوکوں کو غلہ فراہم کرنا، بیماروں کا علاج و معالجہ، یتیموں، بیواؤں کی سرپرستی، اور معذوروں کے قرض، مقروضوں کے بوجھ کو ہلکا کرنا اسی طرح ہر ضرورت مند کے ساتھ اظہار ہمدردی و غمخواری کرنا ان کی مدد کرنا، اس مہینہ میں بڑے اجر وثواب کا کام ہے، ابن عباس کی حدیث ہے کہ آپ ﷺ بھلائی کے کاموں میں سب سے زیادہ سخاوت کرنے والے تھے اور آپ کی سب سے زیادہ سخاوت رمضان کے مہینہ میں ہوتی تھی (مسلم، باب کان النبی اجود الناس، حدیث نمبر ۲۳۰۸) سلف صالحین میں اس مہینہ میں کھانا کھلانے کا ذوق و جذبہ بڑا عام تھا اور یہ سلسلہ بھوکوں اور تنگ دستوں کو ہی کھلانے تک محدود نہیں تھا، بلکہ دوست و احباب اور نیک لوگوں کی بھی دعوت کرنے کا شوق فراواں ہے؛ اس لیے کہ اس سے پیار و محبت اور الفت و مودت میں اضافہ ہوتا ہے اور نیک لوگوں کی دعائیں حاصل ہوتی ہیں، جن سے گھروں میں خیر و برکت کا نزول ہوتا ہے، غریبوں کی دعائیں اور ان کی محبتیں قلب و جگر کو سکون و اطمینان بہم پہنچاتی ہیں۔ اسی صدقہ اور اطعام طعام میں روزہ داروں کو افطار کرانا بھی داخل ہے جس کی حدیث میں بڑی فضیلت آئی ہے، کام بہت آسان ہے

لیکن ثواب عظیم ہے اپنے گھر میں جو افطار تیار کیا جاتا ہے اگر اس میں ایک دو غریب کو شامل کرلیا جائے تو افطار میں کوئی کمی نہیں ہوگی لیکن روزہ رکھنے کے ثواب کے برابر ثواب ملتا ہے اور روزہ دار کے ثواب میں کوئی کمی نہیں ہوتی ہے۔

اعتکاف

رمضان المبارک کا ایک اہم عمل اعتکاف ہے، آپ ﷺ اس کا بہت زیادہ اہتمام فرماتے تھے، رمضان کے اخیر عشرہ میں آپ مختلف ہو جاتے تھے اور دنیوی معاملات اور تعلقات سے بالکل عہد کر ہو جاتے تھے، جس سال آپ ﷺ کا وصال ہوا اس سال آپ نے بیس دن کا اعتکاف کیا، رمضان کے اخیر عشرہ میں اعتکاف سنت موکدہ علی الکفایہ ہے، اگر کوئی بھی نہ کرے تو پوری بستی کے لوگ سنت موکدہ کے تارک اور گنہگار ہوں گے، اعتکاف کی حالت میں انسان اللہ تعالیٰ کے دربار میں ہر وقت حاضر رہتا ہے، نمازیں پڑھتا ہے، ذکر و اذکار میں مشغول رہتا ہے، اللہ کے حضور دعاؤں میں گریہ و زاری کرتا ہے، اپنے رب کو منانے کی کوشش کرتا ہے، اپنی آخرت کی کامیابی کا خواہاں ہوتا ہے؛ یہ سب اعمال عبادات ہیں اس لیے اعتکاف ایک مجموعہ عبادات ہے، مختلف تمام گناہوں سے محفوظ رہتا ہے اور جو نیک کام مختلف اعتکاف کی وجہ سے کر سکتا ہے اس کا نیک کام کا بھی ثواب ملتا ہے، رمضان کے اخیر عشرہ میں اعتکاف کرنا رب کو منانے کا بہترین ذریعہ ہے اس لیے آخری عشرے کے اعتکاف کا اہتمام ہونا چاہیے، اعتکاف کا سب سے بڑا فائدہ شب قدر کا پانا ہے، لیکن یہ ہوتا ہے کہ آخری عشرے کو غفلت و سستی اور عید کی تیاری میں گزار دیا جاتا ہے یہ کتنی محرومی اور بدنصیبی کی بات ہے کہ جس مبارک مہینہ کو پانے کے لیے آپ ﷺ دعا کیا کرتے تھے ان مبارک ایام کو ہم کس طرح غفلت و کوتاہی میں گزار دیتے ہیں، اللہ تعالیٰ ہمیں اس کی قدر کرنے کی توفیق نصیب فرمائے۔

مولانا عبدالمنان مظہر

سحری (مفہوم اہمیت، آداب)

مفہوم: سحری، سحر سے ہے اور سحر کے معنی صبح سویرے کے ہوتے ہیں۔ چنانچہ سحری اس کھانے کو کہتے ہیں جو صبح سویرے کھایا جائے۔ عربی میں اسے سَحور کہا جاتا ہے۔ اصطلاح میں سحری اس کھانے کو کہتے ہیں جو روزہ رکھنے کے لیے صبح صادق کے وقت فجر کا وقت شروع ہونے سے پہلے تک کھایا جاتا ہے۔ اس سے یہ بات واضح ہوگئی کہ رات دیر گئے کھانے کو سوجانا اور اسے سحری سمجھ لینا درست نہیں ہے، بلکہ سحری مسنون وہ ہے جو صبح صادق کے وقت کھائی جائے۔

اہمیت: سحری کھانا نبی کریمﷺ کی وہ عظیم سنت ہے جسے آپﷺ نے اہل اسلام اور اہل کتاب کے درمیان فرق کرنے والی چیز بتایا ہے۔ حضرت عمرو بن العاصؓ سے مروی ہے کہ "نبی کریمﷺ نے فرمایا کہ ہمارے روزے اور اہل کتاب کے روزے کے درمیان سحری کھانے کا فرق ہے"۔ (صحیح مسلم: 2550)
سحری کھانا باعث برکت ہے۔ حضرت انس بن مالکؓ سے روایت ہے۔ کہتے ہیں کہ پیارے نبیﷺ نے ارشاد فرمایا:
"سحری کھاؤ کہ سحری میں برکت ہے"۔ (صحیح بخاری: 1923)
ایک دوسری روایت میں پیارے نبیﷺ نے اسے مبارک کھانا کہا ہے۔ حضرت عرباض بن ساریہؓ فرماتے ہیں کہ ایک مرتبہ ہم لوگوں کو پیارے نبیﷺ نے رمضان میں سحری کھانے کے لیے بلایا اور کہا "آؤ بَرَکَت غذا پاؤ"۔ (سنن ابی داود: 2344)
اس حدیث میں جہاں آپﷺ نے سحری کو بابرکت کہا وہیں اس کے لیے غذا کا لفظ استعمال کیا جس کے اصل معنی دوپہر کے کھانے (Lunch) کے آتے ہیں۔ جس سے یہ بات بھی نکل کر آتی ہے کہ سحری آخری صبح صادق میں کرنا چاہیے۔ درج بالا روایت سے سحری کی اہمیت و حیثیت بہت نمایاں طور پر واضح ہوتی ہے۔ چنانچہ صحابہؓ اسے فلاح یعنی کامیابی کی حیثیت سے بھی یاد کرتے تھے۔ جیسا کہ ترمذی کی ایک لمبی ہے جس میں حضرت ابوذرؓ نے پیارے نبیﷺ کے قیام اللیل کا تذکرہ کرتے ہوئے بیان کیا ہے پیارے نبیﷺ نے ہمیں نماز پڑھائی اور اتنا لمبا قیام کیا کہ ہمیں فلاح (سحری) کے چھوٹ جانے کا اندیشہ ہوا۔ (ترمذی:806)
لہذا مسلمانوں کو چاہیے کہ وہ سحری لازماً کیا کریں۔ اگر رات کا کھانا زیادہ ہو گیا ہے اور خواہش نہیں ہے تو چند لقمے ہی سہی سنت کی نیت سے نوش کرلیں۔ یا پھر چند کھجوریں ہی لے لیں تاکہ اس بابرکت کھانے اور عظیم عبادت سے محروم نہ رہیں۔ کھجور پیارے نبیﷺ کی محبوب غذا ہے جسے آپﷺ سحری میں بھی لینا پسند کرتے تھے۔ حضرت ابوہریرہؓ فرماتے ہیں کہ پیارے نبیﷺ نے ارشاد فرمایا "کھجوریں مومن کی کتنی اچھی سحری ہے"۔ (سنن ابی داود: 2345)

آداب: سحری آخری وقت میں کرنا افضل اور بہتر ہے۔ پیارے نبیﷺ کا فرمان ہے کہ ہم گروہ انبیاء کو حکم دیا گیا ہے کہ ہم سحری تاخیر سے اور افطار جلدی سے کریں"۔ (ابن حبان، صحیح: 1770)
جب کہ ایک دوسری روایت میں نبی کریمﷺ کا ارشاد ہے کہ میری امت جب تک سحری کرنے میں تاخیر اور افطار میں جلدی کرے گی، خیر پر رہے گی۔ (مسند احمد، ص:172)
حضرت انسؓ فرماتے ہیں کہ حضرت زید بن ثابتؓ نے ہم سے کہا کہ ہم نے نبی کریمﷺ کے ساتھ سحری کی پھر آپ کے ساتھ نماز فجر ادا کی۔ پوچھا گیا سحری اور نماز دونوں کے درمیان وقفہ کتنا تھا۔ حضرت زیدؓ نے جواب دیا پچاس آیات

تلاوت کرنے کے بقدر۔ (جامع ترمذی:703)

ظاہر ہے اسی وقفے میں اذان ہوئی ہوگی۔ ضرورت مندوں نے وضو کیا ہوگا اور سنت پڑھی گئی ہوگی۔ پھر جماعت قائم ہوئی ہوگی۔ اس سے اس بات کا بخوبی اندازہ ہوتا ہے کہ بالکل آخری وقت میں سحری کی ہوگی۔ حضرت سہل بن سعدؓ کی ایک روایت اس سلسلے میں مزید وضاحت پیش کرتی ہے۔ آپؓ فرماتے ہیں کہ میں اپنے گھر پر سحری کرتا، پھر نبی کریمﷺ کے ساتھ نماز فجر پانے کے لیے مجھے جلدی کرنی پڑتی تھی۔ (بخاری:577)

آج کل اس سلسلے میں بڑی غفلت برتی جا رہی ہے۔ عموماً رمضان کے کلینڈر پر دس منٹ احتیاط کے ساتھ چھاپے جاتے ہیں اور عوام اس میں مزید پانچ دس منٹ احتیاط کرلیتی ہے۔ اب تو مزاج یہ بن رہا ہے کہ جلدی سحری سے فارغ ہو کر مسجد چلے جاتے ہیں اور اذکار و تلاوت میں مشغول ہو جاتے ہیں۔ یہ طریقہ خلاف سنت ہے۔ ہونا یہ چاہئے کہ پہلے نوافل اور اذکار و تلاوت سے فارغ ہو لیں پھر سحری کریں اور فارغ ہو کر نماز فجر ادا کریں۔

سحری ایک عبادت ہے۔ اس کی بھی بہت ساری برکتوں میں ایک برکت یہ بھی ہے کہ اس دن کے اوقات میں عبادات کی ادائیگی میں تقویت حاصل ہوتی ہے۔ اگر سحری نہ کی جائے تو انسان بھوک پیاس سے نڈھال ہو سکتا ہے اور عبادات کی ادائیگی اس پر شاق ہو سکتی ہے۔ لیکن اس کا مطلب نہیں کہ خوب پیٹ بھر کر کھایا جائے، سانسیں لے کر پانی پیا جائے اور پھر حال یہ ہو کہ دو پہر تک ڈکاریں آتی رہیں اور دیر تک یہ ہضم ہوتے تک انواع و اقسام کے کھانوں اور مشروبات سے سجا دسترخوان افطار سامنے ہو۔ اس سے طبیعت اور بوجھل ہو جائے گی اور نیند کا غلبہ ہو جائے گا۔ سحری کے ساتھ اس طرح انصاف کرنا قرین انصاف نہیں ہے۔ یاد رکھنا چاہئے کہ رمضان کو بیشتر مواسات یعنی ہمدردی و غمخواری کا مہینہ کہا گیا ہے۔

انسان جب خود بھوکا ہوتا ہے تو اسے دوسروں کی بھوک پیاس کا احساس ہوتا ہے اور وہ پھر لوگوں کی بھوک پیاس

ختم کرنے کے لیے اپنی کوشش کرتا ہے۔ صدقہ و خیرات کرتا ہے، غریبوں سے پیار کرتا ہے اور سماج میں غریبوں سے ہمدردی اور غمخواری کی ایک لہر چل پڑتی ہے۔ اس لیے ضروری ہے کہ سحری کو ناشتے کی شکل تک محدود رکھا جائے۔ اسے بھرپور کھانے کی شکل دے کر اس کی روح کو زخمی نہ کیا جائے۔ البتہ سحری روز کی جائے۔ کیوں کہ پیارے نبیﷺ صوم وصال یعنی بلا سحری و افطار کے مسلسل روزے رکھنے سے منع فرما رہے ہیں۔ حضرت ابو سعید خدریؓ سے روایت ہے کہ انہوں نے نبی کریمﷺ کو یہ ارشاد فرماتے ہوئے سنا کہ "آپ نے فرمایا مسلسل (بلا سحری و افطار) کے روزے ایسا نہ رکھو۔ ہاں اگر کوئی ایسا کرنا ہی چاہے تو وہ سحری کے وقت تک ایسا کر سکتا ہے (یعنی رات بھر بھوکے رہ سکتے ہو مگر سحری کے وقت کھا پی لیا کرو)۔ صحابہ کرام نے عرض کیا، یا رسول اللہ! آپ تو ایسا کرتے ہیں۔ اس پر آپﷺ نے فرمایا میں تمہاری طرح نہیں ہوں۔ میں تو رات اس طرح گزارتا ہوں کہ ایک کھلا نے والا مجھے کھلاتا ہے اور ایک پلانے والا مجھے پلاتا ہے۔ (صحیح بخاری:1963)

بعض حضرات ایسی بھی بے احتیاطی کرتے ہیں کہ بالکل آخری وقت میں بستر سے اٹھتے ہیں اور ابھی سحری مکمل بھی نہیں کر پاتے کہ اذان ہونے لگتی ہے۔ اس سلسلے میں یہ بات اچھی طرح سمجھ لینی چاہئے کہ سحری کا وقت متعین صبح صادق تک ہے اور اس کے بعد کھانے پینے والا کا روزہ نہیں ہوگا اور اذان فجر سحری کا وقت شروع ہو گیا ہے تو خواہ اذان شروع ہوئی نہ ہو۔ اب کچھ بھی کھایا پی نہیں جا سکتا۔ بصورت دیگر روزہ نہیں ہوگا۔

مزید برکات: سحری کے لیے جب ایک شخص بیدار ہوتا ہے تو احادیث کے مطابق یہ رات کا وہ پہر ہے جب اللہ تعالیٰ آسمان دنیا پر نازل ہوتا ہے۔ چنانچہ یہ وقت بارگاہ اللہ رب العزت میں الحاح و زاری اور مقبولیت دعا کا خاص الخاص وقت ہے۔ اللہ خود سوال کرتا ہے "ادعونی استجب لکم" (مجھے پکارو میں تمہیں بامراد کروں گا)۔ سورۃ المومن 60

اس کی تشریح میں حضرت ابوہریرہؓ کی وہ روایت ہے کہ رسول اللہ ﷺ نے ارشاد فرمایا:''ہمارا بلند و برتر اور برکت والا رب ہر رات اس وقت آسمان دنیا پر نزول فرماتا ہے جب آخری تہائی حصہ رہ جاتا ہے اور کہتا ہے کوئی ہے مجھ سے دعا کرنے والا کہ میں اس کی دعا قبول کروں، کوئی مجھ سے مانگنے والا ہے کہ میں اسے دوں، ہے کوئی مجھ سے بخشش طلب کرنے والا کہ میں اسے بخش دوں''۔ (بخاری 1145)

چنانچہ اس موقع سے بھرپور فائدہ اٹھانے کی ہر ممکن کوشش ہونی چاہئے۔ کچھ وقت پہلے ہی آدمی بیدار ہو جائے۔ اپنے رب سے التجائیں کرے، نماز تہجد پڑھے اور اپنی خطاؤں کی معافی طلب کرے، اپنی حاجات کو اس کے دربار میں قبولیت کے یقین کے ساتھ پیش کرے اور بامراد ہو جائے۔

حضرت ابن عمرؓ سے روایت ہے کہ پیارے نبی ﷺ نے فرمایا: اللہ تعالیٰ اور اس کے فرشتے سحری کرنے والوں پر رحمت بھیجتے ہیں (المعجم الاوسط للطبرانی: 2166)

قرآن میں اللہ تعالیٰ نے ان اہل ایمان کی تعریف کی ہے جو بوقت سحر استغفار کرتے ہیں۔ ارشاد ربانی ہے والمستغفرین بالاسحار (اور جو سحر کے وقت اللہ سے مغفرت کی دعائیں مانگا کرتے ہیں) (آل عمران 17)

اس طرح ایک دوسرے مقام پر ارشاد فرمایا ''وہ رات کے وقت کم سوتے تھے اور سحری کے اوقات میں وہ استغفار کرتے تھے'' (سورۃ الزاریات 17،18)

درج بالا گزارشات سے سحری کی اہمیت و خصوصیات کا بخوبی علم ہو گیا ہوگا۔ ہمیں چاہئے کہ اس انتہائی بابرکت عبادت کو پوری طرح سے طریقہ نبویؐ پر ادا کریں اور اس کا بھرپور اخروی فائدہ حاصل کریں۔

ڈاکٹر مصلح الدین سہیلی نظامی
کامل الفقہ جامعہ نظامیہ، ایم فل، پی ایچ ڈی عثمانیہ

علم کی فضیلت و اہمیت

انسان شیر کی طرح طاقتور نہیں، ہاتھی کی طرح عظیم نہیں، چاند کی طرح بلند اور سمندر کی طرح گہرا نہیں لا سکتا لیکن یہ بات کس قدر عجیب ہے کہ ان میں سے کوئی چیزیں جس کو انسان کی عقل و بصیرت نے اپنا غلام نہ بنالیا ہو۔ و سخر لکم ما فی السموات و ما فی الارض جمیعا منہ ان فی ذلک لآیات لقوم یتفکرون۔

انسانیت کا سب سے بڑا امتیاز علم ہے۔ اللہ تعالیٰ نے اس کے اندر چیزوں کو سمجھنے کی صلاحیت دی ہے کہ وہ چیزں کو ناموں سے موسوم کر سکے۔ وعلم آدم الاسماء کلھا۔

سائنس کے یہ سارے کرشمے اور علم و فنون کی یہ ساری ترقیاں دراصل اسی تسخیر کی زندہ شہادتیں ہیں۔ سارے علوم جن کا مقصد انسانیت کی خدمت اور ان کی فلاح ہیں۔ اسلام میں پسندیدہ ہیں اسی کو رسول اللہ نے حکمت سے تعبیر کیا ہے اور فرمایا کہ الحکمۃ ضالۃ المؤمن۔ کہ حکمت مؤمن کی گمشدہ چیز ہے اس لئے بندہ مومن پہ لازم ہے کہ وہ اپنی گمشدہ شئے یعنی حکمت و دانائی کو تلاش کرے اور یہ علوم و فنون کے حصول کے بغیر ممکن نہیں۔ مسلمانوں نے بعد کے زمانے میں جو ترقیاں کی اور جس کے باعث وہ ساری دنیا کے معلم بنے اور ساری دنیا کے لوگ عربی کتب کو پڑھ کر جدید ترین تحقیقات سے آگاہ ہوئے اس کی اساس ظاہر ہے عہد نبوی کی تیار کردہ بنیاد ہوسکتی تھی۔

نبی امی کو سب سے پہلا جو خدائی حکم ملتا ہے وہ یہ ہے کہ اقرا باسم ربک الذی خلق۔ خلق الانسان من علق۔ اقرا و ربک الاکرم الذی علم بالقلم۔ علم الانسان ما لم یعلم۔ اس میں رسول اللہ کو پڑھنے کا حکم دیا جا تا ہے۔ پہلے جملے

میں اللہ کی طرف سے ایک حکم آتا ہے اور پھر پڑھنے کی اہمیت بھی اسی وحی میں بیان کردی جاتی ہے یعنی کہ قلم ہی وہ واسطہ ہے جو انسانی تہذیب و تمدن کا ضامن ہے، اسی کے ذریعے سے انسان وہ چیزیں سیکھتا ہے جو اسے معلوم نہیں ہوتیں، انسانی علوم اور دیگر مخلوقات خاص کر جانوروں کے علم میں سب سے نمایاں فرق یہی ہے حیوانات کا علم محض علم ہوتا ہے اس لئے اس میں اضافہ ہوتا رہتا ہے اس کی وجہ یہ ہے کہ ہم اپنے آباء و اجداد کے تجربوں سے بھی فائدہ اٹھاتے ہیں اور اپنے ذاتی تجربوں سے بھی اپنے علم میں اضافہ کرتے رہتے ہیں اور یہ سارا علم اپنی آئندہ نسلوں کو منتقل کر دیتے ہیں۔ الذی علم بالقلم تخلیق انسانی کے بعد اس کی تعلیم کا بیان ہے کیونکہ تعلیم ہی وہ چیز ہے جو انسان کو دوسرے تمام حیوانات سے ممتاز اور تمام مخلوقات سے اشرف و اعلیٰ بناتی ہے۔ پہلی وحی میں آپ کو پڑھنے کا حکم دیا گیا، یہ بات ہمیں سوچنے پہ مجبور کرتی ہے کہ نبی امی کو پہلے ہی حکم میں اس طرف کیوں متوجہ کیا گیا، پھر اس کے بعد تقریباً 23 سالہ عرصہ گزرا ہے جس میں کم و بیش بیسیوں آیتیں ایسی ملتی ہیں جن میں علم کی فضیلت و اہمیت کو مکمل طور پہ واضح کیا گیا ہے۔ اس طرح ان آیات میں عجیب و غریب مناظر کا نقشہ بھی کھینچا گیا ہے۔ مثلاً کہیں یہ کہا جاتا ہے ارشاد ربانی و ما اوتیتم من العلم الا قلیلاً۔ تمہیں علم نہ دیا گیا مگر تھوڑا اور کہیں یہ کہا گیا قل رب زدنی علماً اور دعا کرو کہ اے میرے رب مجھے علم زیادہ دے۔ اسی طرح یہ ضرب المثل بھی بہت خوب ہے اطلبو العلم من المہد الی اللحد ۔ گہوارے سے قبر تک یعنی پیدا ہونے سے موت تک علم حاصل کرتے رہو۔

جنگ بدر کے قیدیوں سے رسول اللہ نے مسلمانوں کو

لکھنا پڑھنا سکھانے کا کام لیا تھا اس واقعہ کو ایک محدث نے اس طرح ذکر کیا ہے کہ کسی مشرک کو مسلمانوں کی تعلیم کے لیے استاذ بنانے کا جواز ہے کیونکہ مکہ والے مشرک اور کافر تھے اور مسلمان بچوں کی تعلیم کے لیے بدر کے مشرک قیدیوں کا انتخاب کیا گیا تھا۔

مدینہ پہنچنے کے بعد سب سے پہلے آپ نے ایک عبادت گاہ کی تعمیر کا کام کیا چنانچہ جب قبا میں پہنچے تو وہاں پہ ایک مسجد تعمیر کروائی جب قبا سے بنو نجار کے علاقے میں تشریف لائے تو وہاں بھی آپ نے ایک مسجد بنوائی یہی وہ مسجد نبوی ہے جس کا ایک حصہ تعلیم گاہ کے طور پر مخصوص کر دیا گیا جس کو ہم صفہ کے نام سے جانتے ہیں۔ جس کا معنی ہے پلیٹ فارم یا بلند مقام ہے کہتے ہیں مسجد نبوی کی تعلیم گاہ کا حصہ اس غرض کے لیے مخصوص کر دیا گیا کہ ان دن درسگاہ کا کام دے اور رات ان لوگوں کے لیے جن کا کوئی گھر نہیں ہے سونے کا کام دے۔ وہاں پہ طلباء کے لیے تعلیم کا بھی انتظام تھا اور رہنے کا بھی۔ اس سے پتہ چلتا ہے کہ صفہ میں دو قسم کے طلباء ہوتے تھے ایک وہ جو تعلیم حاصل کر کے اپنے گھروں کو واپس چلے جاتے تھے اور دوسرے وہ جو تعلیم حاصل کرنے کے بعد گھر نہ ہونے کی وجہ سے وہیں قیام پذیر ہوتے تھے۔

تعلیم کی فضیلت و اہمیت کا اندازہ اس حدیث سے بخوبی عیاں ہوتا ہے کہ ایک دن رسالت مآب اپنے حجرۂ مبارک سے باہر تشریف لائے تو دیکھا کہ دو گروہ مسجد نبوی میں ہیں ایک گروہ تسبیح و تہلیل میں مشغول ہے اور دوسرا گروہ تعلیم و تعلم میں یعنی علم کے سیکھنے سکھانے میں آپ نے فرمایا کہ اگرچہ دونوں گروہ قابل تحسین ہیں لیکن وہ گروہ بہتر ہے جو تعلیم حاصل کر رہا ہے پھر آپ بھی اس گروہ میں شامل ہو گئے اس لیے آپ کا ارشاد ہے خیرکم من تعلم القرآن و علمہ تم میں سب سے بہتر وہ ہے جو قرآن کو خود بھی سیکھے اور دوسروں کو بھی سکھائے۔

بہرحال ہمیں صاف نظر آتا ہے کہ قرآن مجید میں مختلف علوم ہیں اس میں تاریخ کا بھی ذکر ہے، اس میں سائنس کا بھی ذکر ہے۔ مثلاً علم نباتات، علم ہیئت، اور ٹکنالوجی یہاں تک کہ علم جنس کا ذکر ملتا ہے۔ قرآن مجید میں علم جنس کی اتنی مفصل تشریحات آئی ہیں کہ ان کا اس جدید ترین دور تک بھی احساس ہو رہا ہے۔ کچھ عرصہ قبل پیرس میں ایک کتاب Bible Quran Seincle آئی ہے جو ایک مشہور سرجن ڈیکائی کی تصنیف ہے۔ ڈیکائی کو بچوں کی ولادت کے علم سے دلچسپی ہے۔ وہ بیان کرتا ہے کہ علم جنین کے متعلق جو تفصیلات قرآن مجید نے دی ہیں ان کا علم یونان کے مشہور قدیم اطباء کو تھا اور نہ زمانہ حال یورپی لوگوں کو جنہوں نے سالہا سال تک اس موضوع پر ریسرچ کی لیکن اب سے چودہ سو سال قبل ایک بدوی اس کا ذکر کرتا ہے تو یقیناً یہ انسان کا کلام نہیں ہونا چاہیے۔ قرآن کی اس بات سے متاثر ہو کر ڈیکائی نے اپنے مسلمان ہونے کا بھی اعلان کر دیا اسی طرح قرآن مجید میں بیالوجی کا ذکر بھی ملتا ہے حیوانات اور موتیوں کا بھی تفصیلی ذکر ملتا ہے۔

قرآن مجید کی مذکورہ بالا تشریحات اس بات کی متقاضی ہیں کہ مسلمان جو وحی الٰہی کے علم بردار ہیں اگر نہیں وحی ربانی کی حفاظت کرنی ہے اور مسلمانان عالم کو ذلت و رسوائی کے دلدل سے نکالنا ہے تو انہیں سائنس و ٹکنالوجی کے میدان میں قدم بڑھانا ہوگا۔ مختلف علوم و فنون میں مہارت پیدا کرنی ہوگی۔ قرآن کریم کی ان آیات پر عمل پیرا ہونا ضروری ہے جہاں تسبیح تہلیل اور ذکر و اذکار کے ساتھ کائنات کی بناوٹ میں غور و فکر اور تدبر کی دعوت دی گئی ہے **الذین یذکرون اللہ قیاما و قعودا و علی جنوبہم ویتفکرون فی خلق السموات و الأرض**۔ آج ہم قرآن مجید کے صرف ایک پہلو پر نظر ڈالتے ہیں اور دوسرے جزو پر تدبر و تفکر کو بالائے طاق رکھ دیتے ہیں۔ علوم و فنون میں مہارت کی ترغیب بھی حضور کے اس قول سے عیاں ہوتی ہے کہ آپ ایک مرتبہ ایک صحابی کی عیادت کے لیے تشریف لے گئے اور پوچھا کہ تمہارے محلے یا قبیلے میں کوئی طبیب ہے؟ جواب میں دو نام بتائے گئے۔ آپ نے فرمایا ان دونوں میں جو ماہر تر ہو اس کو بلاؤ۔ اس سے معلوم ہوتا ہے کہ آپ نے اس بات بھی خیال رکھا

کہ Specialisalie پیدا کریں اور ماہروں سے علاج کرائیں۔اس سےلوگوں کو ماہر بننے کی ترغیب بھی ملتی ہے۔
مسلمانان عالم کا علوم میں انحطاط دیکھ کر مجھے یہ شعر یاد آ رہا ہے جسے پڑھ کر شاید قوم مسلم کے رگوں میں پھر کچھ حرارت پیدا ہو جائے ؎

گنوا دی ہم نے جو اسلاف سے میراث پائی تھی
ثریا سے زمین پر آسماں نے ہم کو دے مارا

حوالے

(۱) القرآن سورة الجاثية آیت: ۱۳
(۲) القرآن سورة العلق آیت: ۱
(۳) اسلامی ریاست، ڈاکٹر حمیداللہ باب پنجم، ص: ۱۰۱۔ فرید بک ڈپو دہلی
(۴) اسلامی ریاست، ڈاکٹر حمیداللہ باب پنجم ص: ۱۲۶۔ ۱۱۱ فرید بک ڈپو دہلی
(۵) معارف القرآن، مفتی محمد شفیع، جلد ہشتم ص: ۸۵۔ ربانی بک ڈپو دہلی

احمد نورعینی
پی ایچ ڈی اسکالر، عثمانیہ یونیورسٹی، حیدرآباد

غیر مسلم ملک کی شہریت اختیار کرنا

شہریت دور جدید کی ایک اہم اصطلاح ہے، ماضی کا اسلامی لٹریچر اس اصطلاح سے ناآشنا ہے، شہریت سے کئی شرعی مسائل جڑے ہوئے ہیں، اختصار کے پیش نظر یہاں ان میں سے صرف ایک مسئلے پر روشنی ڈالی جارہی ہے اور وہ مسئلہ ہے کسی مسلم ملک کے باشندے کا کسی غیر مسلم ملک کی شہریت اختیار کرنے کا۔

غیر مسلم ملک کی شہریت اختیار کرنے کی مختلف امکانی صورتیں ہیں اور ہر صورت کا حکم بھی ایک جیسا نہیں ہے :

(1) یہودیوں کا ملک اسرائیل چوں کہ مسلمانوں کی زمین غصب کرکے ناجائز طور پر تشکیل دیا گیا ہے، اس لئے اس ملک کی مستقل شہریت اختیار کرنا جائز نہیں ہے؛ کیوں کہ اس کے عہد یداروں کو شہریت کی درخواست پیش کرنا اس بات کا اعتراف کرنا ہے کہ یہ ملک ان غاصبوں کا ہے اور اس کا وجود جائز بنیادوں پر استوار ہے۔

(2) وہ ممالک جو حقیقی معنوں میں دارالحرب ہوں، جہاں دین پر عمل کرنا دشوار ترین امر ہو، مذہبی آزادی حاصل نہ ہو اور انفرادی زندگی میں بھی اسلامی احکام کی بجا آوری مشکل ہو تو ایسے ملک کی بھی شہریت اختیار کرنا صحیح نہیں ہے؛ کیوں کہ ایسے ممالک سے بہ صورتِ امکان ہجرت واجب ہے؛ چہ جائے کہ وہاں کی شہریت اختیار کی جائے، صلح حدیبیہ سے پہلے مکہ بھی اسی طرح کا دارالحرب تھا؛ اس لئے قدرت ہونے کے باوجود کسی عذر شرعی کے بغیر وہاں سے ہجرت نہ کرنے والوں کے بارے میں سنگین وعید نازل ہوئی :

أَلَمْ تَكُنْ أَرْضُ اللهِ وَاسِعَةً فَتُهَاجِرُوا فِيهَا فَأُولَٰئِكَ مَأْوَاهُمْ جَهَنَّمُ وَسَاءَتْ مَصِيرًا.
(النساء: 97)

کیا اللہ کی زمین کشادہ نہیں تھی کہ تم وہاں ہجرت کر جاتے، یہی ہیں وہ لوگ جن کا ٹھکانہ جہنم ہے اور یہ بڑا ہی برا ٹھکانہ ہے۔

(3) کسی مسلمان کو اس کے ملک میں روزگار کے ذرائع میسر نہ ہوں، پوری تگ و دو کے باوجود بھی کسی مسلم ملک میں روزی روٹی کا کوئی با قاعدہ انتظام نہ ہو پائے اور تنگی کی وجہ سے فاقہ کشی کی نوبت بھی آ جاتی ہو، ایسے شخص کو اگر کسی غیر مسلم ملک میں ملازمت ملے یا روزگار کا کوئی ہاتھ آئے جس کی وجہ سے وہ وہاں کی شہریت اختیار کر لے تو اس کی گنجائش ہے؛ کیوں کہ یہ اضطرار کی حالت ہے؛ لیکن شرط یہ ہے کہ وہ اپنے دین و ایمان کے سلسلے میں مامون ہو؛ کیوں کہ حفظِ دین کا درجہ حفظِ نفس سے بڑھا ہوا ہے۔

(۴) یہی حکم اس شخص کے بارے میں بھی ہوگا جو اپنے ملک میں ناحق ظلم وستم کا شکار ہو، بلا کسی جرم کے قید وبند کی صعوبتوں سے دوچار ہو، ارباب اقتدار کی چیرہ دستیوں سے زندگی اجیرن بن گئی ہو اور کوئی دوسرا مسلم ملک بھی شہریت دینے پر آمادہ نہ ہو یا اگر کسی دوسرے مسلم ملک میں شہریت مل بھی جائے تو بھی ان ظالموں کے ہاتھ وہاں تک پہنچنے کا قوی اندیشہ ہو، جس کی وجہ سے غیر مسلم ملک کی شہریت اختیار کرنے کے سوا اس کے سامنے اور کوئی راستہ نہ ہو۔

(۵) کوئی شخص فاقہ کشی کا شکار نہ ہو اور نہ ہی ظلم وستم سے دوچار ہو اور جس ملک کی شہریت اختیار کررہا ہو وہاں مذہب پر عمل کرنے کی مکمل آزادی ہو؛ لیکن تہذیب وتمدن کے نام پر بد تہذیبی کا ایسا سیلاب ہو کہ سفینۂ ایمان دین بے زاری کے گرداب میں غرقاب ہوجائے اور اس کے پاس "عشق" کی عظیم دولت کی فراوانی بھی نہ ہو کہ "عشق خود ایک سیل ہے سیل کو لیتا ہے تھام"، جس کی وجہ سے ماحول میں ڈھل جانے اور ایمانی حمیت کے ختم ہوجانے کا قوی اندیشہ ہو تو ایسے شخص کے لئے اس غیر مسلم ملک کی شہریت اختیار کرنا جائز نہیں ہے؛ کیوں کہ موت تک اسلامی احکام پر کاربندر ہنا فرض ہے :

يَا أَيُّهَا الَّذِينَ آمَنُوا اتَّقُوا اللَّهَ حَقَّ تُقَاتِهِ وَلَا تَمُوتُنَّ إِلَّا وَأَنْتُمْ مُسْلِمُونَ . (آل عمران:۱۰۲)

اے ایمان والو! اللہ سے ڈرو جیسا کہ اس سے ڈرنے کا حق ہے اور تم ہرگز نہ مرو، مگر اس حال میں کہ تم مسلمان رہو۔

نیز آپ ﷺ کا ارشاد ہے :

أنــا بــريٌ مــن كـل مسلم يقيم بين أظهر المشركين .

(أبوداؤد، كتاب الجهاد، النهى عن قتل من اعتصم بالسجود:۲۶۴۵)

میں ہر اس مسلمان سے بری ہوں جو مشرکوں کے درمیان اقامت اختیار کرے۔

علامہ ابن حجرؒ فرماتے ہیں کہ یہ اس شخص کے بارے میں ہے جو اپنے دین و ایمان کے سلامت رہنے کے سلسلہ میں مامون نہ ہو :

وهذا محمول على من لم يأمن على دينه.

(فتح الباری : الجهاد والسير، وجوب النفير ۶/۴۸)

یہ حدیث اس شخص کے بارے میں ہے جو اپنے دین پر مامون نہ ہو۔

(۶) کوئی شخص کسی غیر مسلم ملک میں خالص دعوتی نقطۂ نظر سے رہائش اختیار کرنا چاہے؛ تاکہ وہ غیر مسلموں کو اسلام کی دعوت دے، اسلام پر ہونے والے اعتراضات کا جواب دے، لوگوں کے شبہات کا ازالہ کرے یا مسلمانوں کے درمیان تعلیم وتبلیغ کا فریضہ انجام دے اور کفر کے اندھیروں میں ہوا کی تندی وتیزی سے بے پروا ہو کر اسلام کی شمع روشن کرے، تو ایسے شخص کا اس غیر مسلم ملک کی شہریت اختیار کرنا صرف جائز ہی نہیں؛ بلکہ امر مستحسن ہے اور اس کا یہ عمل قابل ستائش ہے، غیر مسلم ملکوں میں موجود صحابہ کرامؓ کی قبریں جواز کی دلیل کے لئے کافی ہیں۔

(۷) کوئی شخص دعوتی مقصد کے تحت کسی غیر مسلم ملک کی شہریت حاصل کرنا چاہتا ہے؛ لیکن ساتھ میں اس کا ارادہ معاشی استحکام پیدا کرنا ہے تو یہ صورت بھی شرعاً جواز کے دائرے میں ہو گی ، اللہ تعالیٰ نے عازمین حج کو ایام حج میں تجارت کی اجازت دیتے ہوئے فرمایا :

لَیۡسَ عَلَیۡکُمۡ جُنَاحٌ اَنۡ تَبۡتَغُوۡا فَضۡلًا مِّنۡ رَّبِّکُمۡ .
(البقرۃ:۱۹۸)

تم پر کچھ حرج نہیں ہے کہ تم اپنے رب کا فضل تلاش کرو۔

یعنی کسی کا اصل مقصد حج کرنا ہو اور ساتھ میں وہ تجارت بھی کرے تو اس کی اجازت ہے، کذا اِذا۔

(۸) اگر مذکورہ بالا صورتوں میں سے کوئی صورت نہ ہو، یعنی جس مملکت کی شہریت حاصل کرنی ہے، وہ دارالحرب بھی نہ ہو، اسرائیل جیسی ریاست بھی نہ ہو، مذہب پر عمل کرنے میں دشواری بھی نہ ہو، ماحول میں ڈھل جانے کا اندیشہ بھی نہ ہو اور شہریت حاصل کرنے والا فاقہ کشی سے دوچار بھی نہ ہو، ظلم و ستم کا شکار بھی نہ ہو اور اس شہریت حاصل کرنے کے پیچھے کوئی خاص دعوتی مقصد بھی نہ ہو تو ایسی صورت میں عام طور پر کہا جاتا ہے کہ شہریت اختیار کرنا جائز نہیں ہے اور حسب ذیل روایات سے استدلال کیا جاتا ہے :

○ قال (ﷺ) : أنا بریءٌ من کل مسلم یقیم بین أظھر المشرکین ، قالوا : یا رسول اللہ ! لم ؟ قال : لا تَرائٰ نارَاھما۔ (أبوداؤد ، کتاب الجھاد ، النھی عن قتل من اعتصم بالسجود:۲۶۴۵)

رسول اللہ ﷺ نے فرمایا میں ہر اس مسلمان سے بری ہوں جو مشرکین کے درمیان اقامت اختیار کرے ، صحابہ نے عرض کیا: اے اللہ کے رسول! ایسا کیوں؟ آپ نے جواب دیا: ان دونوں کی آگ میں امتیاز نہیں ہو سکے گا۔

○ من جامع المشرک وسکن معہ فإنہ مثلہ . (أبوداؤد ، کتاب الجھاد ، فی الاقامۃ بأرض الشرک:۲۷۸۷)

جو مشرک کے ساتھ میل جول رکھے اور ان کے ساتھ سکونت اختیار کرے تو وہ اس مشرک جیسا ہے۔

○ لا تساکنوا المشرکین ولا تجامعوھم ، فمن ساکنھم أو جامعھم فھو مثلھم .
(ترمذی ، کتاب البر ، ما جاء فی کراھیۃ المقام بین أظھر المشرکین :۱۶۰۵)

مشرکوں کے ساتھ سکونت اختیار مت کرو اور ان سے میل ملاپ نہ رکھو، جو کوئی ان کے ساتھ سکونت اختیار کرے گا یا ان سے میل ملاپ رکھے گا تو وہ ان ہی جیسا شمار ہو گا۔

○ لا تترکوا الذریۃ ؛ یعنی بإزاء العدو .
(مراسیل لأبی داؤد ، باب ما جاء فی إنزال الذریۃ السواحل والثغور:۲۵۳/۱)

اپنی اولاد کو نہ چھوڑو، یعنی دشمن کے درمیان ۔

ان احادیث کی وجہ سے عام طور پر غیر مسلم مملکت کی شہریت حاصل کرنے سے منع کیا جاتا ہے؛ لیکن خیال ہوتا ہے کہ یہ احادیث عام نہیں ہیں ؛ کیوں کہ اگر یہ عام ہوتیں تو غیر مسلم ملک کے شہریوں پر بہر صورت ہجرت واجب ہوتی ؛

حالانکہ ایسا نہیں ہے، یہی وجہ ہے کہ شارح حدیث علامہ ابن حجرؒ نے اس نہی کو مخصوص صورت حال پرمحمول کیا ہے، وہ فرماتے ہیں :

أنا برئ من کل مسلم یقیم بین أظھر المشرکین ، وھذا محمول علی من لم یأمن علی دینہ .
(فتح الباری ، کتاب الجہاد والسیر ، وجوب النفیر:۶/۴۸)

(آپ ﷺ کا ارشاد) مشرکین کے درمیان رہائش اختیار کرنے والے ہر مسلمان سے میں بری ہوں، کا مصداق وہ شخص ہے جو اپنے دین کے سلسلہ میں مامون نہ ہو۔

لہٰذا اگر کوئی شخص اپنے دین وایمان کے سلسلہ میں مامون اور مطمئن ہو اور اسلام مخالف ماحول میں ڈھل جانے کا اندیشہ نہ ہو تو خواہ اس کا مقصد خالص معاشی فوائد حاصل کرنا ہی کیوں نہ ہو اسے غیر مسلم ملک کی شہریت اختیار کرنے کی گنجائش ہونی چاہئے۔ واللہ اعلم بالصواب۔

☆☆☆☆

مولانا محمد سالم قاسمی، احیاء العلوم مبارک پور

عید کے بعد بھی بندگی......!

ابھی برکت ورحمت سے مالا مال ایام کا مہینہ ''رمضان المبارک'' اختتام پذیر ہوا ہے، لیکن ایسا محسوس ہوتا ہے کہ مسلمانوں کا اختتام ہوگیا ہے، جو رونق وشوکت ماہ رمضان کے مبارک ایام میں تھی، وہ ناپید ہو چکی ہے، وہ عبادت وریاضت، سمع وطاعت، اطاعت شعاری وگریہ وزاری، جود وسخا، صبر وشکر، مواسات وغم خواری اور دوسروں کے حقوق وغیرہ کے خیال کا ایسا سماں تھا، کہ اب اس کا تصور ناممکن سا معلوم ہو رہا ہے، حالاں کہ رمضان صرف اس لیے نہیں تھا کہ اسی خاص مہینے میں سب کچھ عبادت واطاعت کرلیا جائے، باقی پورے سال کو اپنی خواہشات ومرضیات کے مطابق گزارا جائے، اور اسلام کو صرف ''رسم مسلمانی'' کے طور پر اپنی زندگی کے اندر اتارا جائے۔

در حقیقت ماہ رمضان پورے سال کا تربیتی کیمپ ہے، جس میں بندوں کو تقوی واطاعت شعاری کی تعلیم وتربیت دی جاتی ہے، اور انہیں آہستہ آہستہ اُس نہج پر لایا جاتا ہے، جہاں اللہ اور اس کے رسول کی خوش نودی کا پروانہ نصیب ہو، آپ غور کریں تو معلوم ہوگا کہ روزہ نام ہے ''طعام وشراب اور جنسی تقاضوں سے اپنے آپ کو روک لینا'' کا، یہ روزہ کا ظاہر ہے، جس کے باطن میں ایسے رازہائے سربستہ چھپے ہیں جن کے حقائق کی تہ تک پہنچنا سب کے بس کی بات نہیں ہے۔

یہ ''کھانے، پینے اور جماع سے رکنے'' کا مواز نہ مشہور نیت والی حدیث سے۔۔۔۔ جو حضرت ابن عمر رضی اللہ عنہ سے مروی ہے۔۔۔۔ سے کیجیے، جس میں آپ ﷺ ارشاد فرماتے ہیں کہ ''اعمال کا دار ومدار نیتوں پر ہے'' (بخاری ومسلم) اس سے یہ حقیقت کھل کر واضح ہو جاتی ہے، روزے میں نیت کا مکمل دخل ہے، چوں کہ اس کے اندر ریا ودکھاوے کا کوئی شائبہ نہیں ہے، اسی لیے روزہ داروں سے یہ کہنا نہیں پڑتا کہ روزہ کی حالت میں آپ کے لیے کھانا، پینا اور جماع کرنا درست نہیں ہے، بل کہ وہ محض اللہ کے خوف اور ڈر سے یہ سب چھوڑ دیتا ہے، اور دراصل یہی تقوی کی پہلی سیڑھی ہے، جس کے ذریعہ ایک مسلمان اللہ کے قریب تر ہونا شروع کرتا ہے، اور جیسے جیسے اس کے مذکورہ احساس کے اندر اضافہ ہوتا ہے، وہ مزید معراج تقرب میں ترقی کرتا ہے، بالآخر اس منزل تک پہنچ جاتا ہے، جس کو اللہ رب العزت نے روزہ کی فرضیت کا غایت ومقصود قرار دیا ہے۔ ارشاد ہے: یَا أَیُّہَا الَّذِیْنَ اٰمَنُوْا کُتِبَ عَلَیْکُمُ الصِّیَامُ کَمَا کُتِبَ عَلَی الَّذِیْنَ مِنْ قَبْلِکُمْ لَعَلَّکُمْ تَتَّقُوْنَ۔ (البقرۃ: 183) کہ اے ایمان والو! تم پر روزہ فرض کیا گیا ہے، جیسا کہ پہلی امتوں پر فرض کیا گیا تھا، تا کہ تم متقی بن جاؤ۔

مشہور مفسر ابوحیان اندلسی اس آیت میں ''لتتقون''

کے ٹکڑے کی تفسیر کرتے ہوئے لکھتے ہیں: "تتقون"،
الظاهر: تعلق لعل بكتب، أي: سبب فرضية الصوم
هو رجاء حصول التقوى لكم، فقيل: المعنى
تدخلون في زمرة المتقين؛ لأن الصوم شعارهم.
(البحر المحيط)

یعنی روزے کی فرضیت کا مقصد تقوی کا حصول ہے، اس کا ایک مطلب یہ ہے کہ تم متقیوں کے زمرے میں داخل ہوجاؤ، اس لیے کہ روزہ ان (متقیوں) کا شعار ہے۔

اس پورے پس منظر میں یہ بات قابل غور ہے کہ جب ہم اللہ کے حکم پر روزہ رکھتے ہیں، تراویح پڑھتے ہیں اور دیگر ممنوعات سے احتراز کرتے ہیں، اور یہ عمل تقریباً ایک مہینہ کرتے ہیں، پھر آخر کیا وجہ ہے کہ رمضان کا مہینہ گزرتے اور عید کا چاند نظر آتے ہی تبدیلی ہوجاتی ہے؟ اور مسلمانوں کا اکثریتی طبقہ نماز اور دیگر عبادات سے غافل اور بے پرواہ ہوجاتا ہے، اور دوبارہ انھیں نافرمانیوں اور غفلت شعاریوں میں مبتلا ہوجاتا ہے، جن میں وہ پہلے سے چلا آ رہا تھا، پورے ایک مہینہ تربیت وٹریننگ حاصل کرنے کے باوجود کیسے اس "رمضانی نہج" کو چھوڑ دیتا ہے اور اللہ ورسول کی اطاعت کو ترک کرکے شیطانی وطاغوتی اعمال میں مبتلا؛ بلکہ مست ہوجاتا ہے، یہ ایک سوال ہے جو ہر دین دار کو عید بعد جھجھوڑتا ہوگا؟؟

اس حوالے سے قابل غور بنیادی بات یہ ہے کہ ہم روزہ بھی رکھتے ہیں، تراویح کا بھی اہتمام کرلیتے ہیں اور دیگر عبادتوں کو بھی انجام دے لیتے ہیں، لیکن درحقیقت وہ ایک رسم ورواج اور ماحول کے طور پر ہوتی ہے، جس کی حقیقت ہمارے اندر نہیں ہوتی ہے، بلکہ وہ ایک جسد ہوتا ہے جس کی روح مفقود

ہوتی ہے، یہی وجہ ہے کہ عید کے دن ہی بہتیرے مسجد سے دور ہوجاتے ہیں، جب کہ وہ دن خوشی کا ہوتا ہے اور اللہ کی طرف سے انعامات کا دن ہوتا ہے، لیکن بڑا طبقہ اس کی حقیقت سمجھنے سے قاصر ہے۔

یہ "رمضانی نہج" صرف اسی مبارک ماہ کے ساتھ خاص نہیں ہے؛ بلکہ یہ چیز تو ہر مسلمان کی زندگی میں ہمہ وقت اور ہر شعبہ میں ہونی چاہیے، کوئی بھی مسلمان اس حوالے سے کامل مسلمان نہیں ہو سکتا کہ اس کی زندگی کے بعض حصوں اور بعض شعبوں میں تو ایمان و اعمال ہوں، اور بقیہ اس سے عاری ہوں، اللہ رب العزت کا ارشاد ہے: يَا أَيُّهَا الَّذِينَ آمَنُوا ادْخُلُوا فِي السِّلْمِ كَافَّةً وَلَا تَتَّبِعُوا خُطُوَاتِ الشَّيْطَانِ إِنَّهُ لَكُمْ عَدُوٌّ مُبِينٌ. (سورة البقرة: 208) کہ اے ایمان والو! تم اسلام میں پورے پورے داخل ہوجاؤ اور شیطان کے نقش قدم پر مت چلو، وہ تمہارا کھلا ہوا دشمن ہے۔

اس آیت کی تفسیر میں مختلف اقوال ہیں، جہاں مشہور قول کے مطابق اس آیت کا نزول اہل کتاب جیسے حضرت عبداللہ بن سلام رضی اللہ عنہ اور ان کے ساتھیوں کے بارے میں مفسرین نے بیان کیا ہے، وہیں بہت سے مفسرین نے یہ بھی اختیار کیا ہے کہ آیت مذکورہ مخلص مسلمانوں کے بارے میں نازل ہوئی ہے، اور ان سے کہا گیا ہے کہ تم اسلام کے تمام شعبوں پر عمل درآمد کرو، کسی بھی شعبہ میں اس کے احکام کے خلاف ورزی نہ ہو۔ علامہ آلوسی بغدادی اس آیت کی تفسیر میں مختلف اقوال ذکر کرکے لکھتے ہیں: وقيل: الخطاب للمسلمين الخلص، والمراد من السلم شعب الإسلام، وكافة حال منه، والمعنى: ادخلوا أيها

المسلمون المؤمنون بمحمدﷺ في شعب الإيمان كلها، ولا تخلو بشيء من أحكامه، وقال الزجاج في هذا الوجه: المراد من السلم الإسلام، والمقصود أمر المسلمين بالثبات عليه، وفيه أن التعبير عن الثبات على الإسلام بالدخول فيه بعيد غاية البعد، وهذا ما اختاره بعض المحققين. (روح المعانی) اس کا خلاصہ یہ ہے کہ اس آیت میں خطاب عام مخلص مسلمانوں سے کیا گیا ہے، اور ان سے مطالبہ کیا گیا ہے کہ اے مسلمانو! تم ایمان کے تمام شعبوں پر عمل کرو، اور کوئی بھی شعبہ تمہارے عمل سے خالی نہ رہے، بل کم از کم اس پر ثابت قدم رہو۔

یہ ثابت قدمی اور دوام کا مضمون احادیث طیبہ کے اندر بھی بیان فرمایا گیا ہے۔ آپﷺ کا ارشاد گرامی ہے: "إن أحب الأعمال إلى الله ما دام وإن قل" (بخاری ومشکوٰۃ فی مسلم) کہ اللہ تعالیٰ کو محبوب عمل وہ ہے جس میں مداومت یعنی پابندی ہو، چاہے وہ کم ہی ہو۔

مذکورہ بالا تفصیل سے یہ بات واضح ہوتی ہے کہ رمضان المبارک میں ہمارے اندر رہی ورواجی دین داری آتی ہے، جو کہ محض ماحول کے تاثر سے ہوتی ہے، جس کا حقیقت بالا سے کوئی تعلق نہیں ہوتا ہے، اسی لیے جیسے ہی یہ ماحول ختم ہوتا ہے، وقتی دین داری بھی ہم سے رخصت ہو جاتی ہے اور پھر وہی

گھسے پٹے پرانے دین دار باقی رہ جاتے ہیں، جیسے لگتا ہے کہ انھوں نے دین کا ٹھیکہ لے رکھا ہوا ور باقی حضرات فقط دنیا داری کے ذمہ دار ہیں۔

ہمیں اس رمضان کی اہمیت کو سمجھنا ہوگا، اور جو عظیم مقصد اس کے اندر پنہاں کیا گیا ہے اسے اختیار کر کے اپنی زندگی کو مکمل نہج اسلامی اور دین داری پر لانا ہوگا، جو وقتی اور ناپائیدار دین داری کا فروغ ہمارے اندر ہے اس کا الوداع کہنا ہوگا، اور حقیقی معنوں میں کامل و مکمل دین کو اپنے اندر سمونا، اس کی نشر واشاعت کی فکر و کوشش اور ہر چہار جانب اس کو پھیلانے کو اپنا فرض منصبی سمجھنا ہوگا۔

اگر ہر فرد اس کو سمجھنے لگے اور اس فکر و سوچ کو زندگی کا جز و لا ینفک بنا لے تو یقیناً یہ بات کہی جا سکتی ہے کہ بہت جلد یہ ماحول بدل سکتا ہے اور صحیح و حقیقی دین داری ہمارے اندر بھی فروغ پا سکتی ہے، جس پر جناب نبی کریمﷺ نے امت کو چھوڑ اتھا، اور اعلان کیا تھا کہ تم جب تک کتاب اللہ اور سنت رسول اللہ کو پکڑے رہو گے ہرگز گمراہ نہیں ہو سکتے۔ "ترکت فیکم أمرین، لن تضلوا ما تمسکتم بهما: کتاب الله وسنة نبیه". (موطأ امام مالک) والله من وراء القصد وهو يهدي السبيل.

ڈاکٹر محمد رفیق قاسمی
استاد ادب مولانا آزاد نیشنل اردو یونیورسٹی حیدرآباد

قرآنی تعلیمات اور جدید میڈیکل سائنس

سائنس کا لفظ لاطینی زبان کے لفظ سائنٹیا seientia سے ماخوذ ہے، جس کے معنی علم knowledge کے ہیں اور اصطلاح میں سائنس کے مفہوم ہے۔ تجرباتی علوم حکمت یعنی فطری و طبیعی مظہر کا با قاعدہ علم یا طبیعی حقائق کا وہ علم جو مشاہدے اور تجربے سے حاصل ہو، جدید سائنس علوم میں ریاض، کیمیا، طبیعات، ارضیات، نباتات، حیوانیات (حیاتیات) فلکیات اور طب سے متعلق علوم شامل ہیں، ہم اس وقت سائنس کے ایک جز ، جدید علم طب کے متعلق گفتگو کرنا چاہتے ہیں کہ اس کا قرآن سے کس قدر ربط و تعلق ہے اور قرآن میں اس علم سے متعلق کس طرح کے حقائق کی طرف روشنی ڈالی گئی ہے، علم یعنی ناج وسائنس کا تعلق اسلام اور اس کتاب ہدایت قرآن کریم سے گہرا ہے، قرآن کی وہ آیت جو سب سے پہلے نازل ہوئی علم ہی سے متعلق ہے۔ اللہ تعالی کا ارشاد ہے۔

اقرأ باسم ربک الذی خلق خلق الانسان من علق اقرا وربک الاکرم الذی علم بالقلم علم الانسان مالم یعلم (العلق:١۔۵)

پڑھیں اپنے رب کے نام سے جس نے پیدا کیا، جس نے انسان کو خون کے لوتھڑے سے پیدا کیا، آپ پڑھیں، آپ کا رب بڑا کرم والا ہے، جس نے قلم کے ذریعہ علم سکھایا، جس نے انسان کو سکھایا، جسے وہ نہیں جانتا تھا۔

یہی وجہ ہے کہ قرآن کی بعض آیتیں ایسی ہیں کہ ان میں جن حقائق کی طرف آج چودہ سو سال قبل اشارے کیے گئے ہیں، جدید سائنس طویل مسافت طے کرنے کے بعد اب وہاں تک پہنچ پائی ہے اور اس سے قرآن کی حقانیت و صداقت کی توثیق ہوئی ہے، قرآن کو اپنی صداقت ہر استدلال کے لیے سائنس کی ضرورت نہیں، مگر ان جدید انکشافات سے ہمارے ایمان و یقین میں زیادتی اور اطمینان ضرور حاصل ہوتا ہے۔

یہ ممکن نہیں کہ اس کتاب مبین میں ماحولیات، فلکیات، طبیعات اور دیگر علوم اور اس کے حقائق کی طرف تو واضح اشارہ ہو اور میڈیکل سائنس کی طرف اشارہ نہ ہو۔ قرآن کریم بغور مطالعہ کرنے سے اندازہ ہوتا ہے کہ اس میں بے شمار آیات ایسی ہیں جو طبی علوم کے میدان میں معجزانہ حیثیت رکھتی ہیں یا ایسے بے شمار بے مثال نمونے ہیں جو واضح کرتے ہیں کہ قرآن کریم نے کیونکر انسانی علوم و معارف پر سبقت حاصل کی ہے؟ یہ قرآنی حقائق آج سے ساڑھے چودہ سو سال قبل نازل ہوئے تھے، اس وقت ان کو سمجھنا آسان نہیں تھا، مگر آج طب اور حیاتیاتی علوم میں جدید انکشافات نے اسے سمجھنا آسان بنا دیا ہے گویا قرآن کریم نے جس طرح دوسرے علوم کو موضوع بنایا اور اس کی طرف اشارہ کیا ہے علم طب کی طرف بھی اشارہ کیا ہے۔

ہمیں غور کرنا چاہئے کہ قرآن کی مجموعی آیات ٦٦٦٦ میں سے احکامات سے متعلق کم و بیش صرف ۵۰۰ آیات ہیں اور سائنس سے متعلق آیات کی تعداد ۷۵۰ سے کچھ زائد ہیں اور اس کی تقریباً ایک تہائی میڈیکل سے سائنس سے متعلق ہے۔

میڈیکل سائنس اور عمومی سائنس سے متعلق آیات قرآنی کو کئی اہل علم نے جمع کرنے کی کوشش کی ہے، جدید میڈیکل سائنس دانوں کے لیے سب سے محیر العقول قرآن کی وہ صراحت ہے جس میں اس نے جنین کے نطفہ، علقہ، مضغہ وغیرہ کے مختلف مراحل سے گزرنے کا تذکرہ کیا ہے۔

جنین کا تذکرہ سائنس کی نظر میں

کچھ دنوں قبل یونیورسٹی یمن کے بانی وچانسلر شیخ زندانی کی سرپرستی میں مسلم میڈیکل سائنس دانوں کے گروپ نے جنین سے متعلق اور دیگر سائنس علوم کے بارے میں قرآنی معلومات جمع کرنے اور انگریزی میں ترجمہ کرنے کے بعد اسے یونیورسٹی آف ٹورنٹو (کینڈا) میں اناٹومی شعبہ کے سربراہ پروفیسر ڈاکٹر کیتھ لور کے سامنے پیش کیا، جو جنین سائنس کے پروفیسر ہیں اور ان کی رائے طلب کی تو ان کا کہنا تھا کہ جنین سے متعلق آیات قرآنی میں بیان کردہ تمام معلومات جدید سائنس دریافتوں کے عین مطابق ہیں، انہوں نے یہ بھی کہا کہ بعض ایسی بھی آیات ہیں جن کی سائنس کی مطابقت میں صحیح ہے یا غلط، کیونکہ انہیں خود ان آیات میں دی گئی معلومات سے متعلق کچھ علم نہیں، ان کے متعلق جنینات کے جدید مطالعہ اور تحقیقاتی مقاموں میں بھی کچھ موجود نہیں ہے، یعنی اس کا مطلب یہ ہے کہ قرآن نے جن حقائق کی نشاندہی کی ہے، ان میں سے بعض تک جدید سائنس ہنوز رسائی حاصل نہیں کرسکتی ہے، مگر اس میں آئندہ جب ترقی ہوگی اور سائنس کا قدم مزید آگے بڑھے گا تو یقیناً یہ سائنسدان ان تمام حقائق کی بھی تصدیق کرنے پر مجبور ہوں گے۔

دورانِ خون اور دودھ

اللہ تعالیٰ کا ارشاد ہے:

وان لکم فی الانعام لعبرۃ نسقیکم مما فی بطونہ من بین فرث و دم لبنا خالصا سائغا للشاربین (النحل:۶۶)

تمہارے لیے چوپایوں میں بھی بڑی عبرت ہے کہ ہم تمہیں اس کے پیٹ میں جو کچھ ہے اس میں سے گوبر اور خون کے درمیان خالص دودھ پلاتے ہیں جو پینے والوں کے لیے نہایت خوشگوار ہے۔

خون کے سرکولیشن کی وضاحت کرنے والے سائنسدان ابن نفیس سے قرآن پاک کا نزول ۶۰۰ برس پہلے اور مغربی سائنسدان ولیم ہاروے سے ایک ہزار سال پہلے ہوا تھا،

قرآن نے ان سائنسدانوں کی دریافت سے صدیوں پہلے بتا دیا تھا کہ آنتوں کے اندر ایسا نظام جاری ہے جو نظام ہاضمہ کو انجام پانے والے افعال کے ذریعہ دیگر جسمانی اعضاء کی نشوونما کی ضمانت دیتا ہے، سائنسدانوں نے واضح کیا ہے کہ آنتوں میں کیمیائی عمل (Reactions) جاری رہتا ہے، آنتوں ہی کے ذریعہ ہضم کی ہوئی غذا جذب لیے ہوئے مادے ایک پرچ نظام سے گزر کر دوران خون میں شامل ہوتے ہیں، کبھی یہ مادے لیور سے گزرتے ہیں، جس کا انحصار ان کی کیمیائی ترکیب پر ہوتا ہے، جن میں دودھ پیدا کرنے والی (لپتان) کے غدد بھی شامل ہیں، یعنی آنتوں کی غذا کے کچھ مادے اس کی دیوار سے رس کر خون کی نالیوں میں داخل ہو جاتے ہیں، پھر دوران خون کے ذریعہ کئی اعضاء تک پہنچتے ہیں اور چھاتیوں میں دودھ تیار ہوتا ہے، اس کے اندر بے شمار فوائد ہیں، قرآن کی یہ وضاحت عصر حاضر کے میڈیکل سائنس سے مکمل طور پر ہم آہنگ ہے اور جس افادیت کا تذکرہ قرآن نے کیا ہے مسلم ہے۔

زیتون اور جدید میڈیکل سائنس

اللہ تعالیٰ نے اپنی کتاب ہدایت میں زیتون کی قسم کھا کر اس کی اہمیت وافادیت کو اجاگر کیا ہے۔ اللہ تعالیٰ کا ارشاد ہے:

والتین والزیتون وطور سینین (التین:۱-۲)

اس اہمیت وافادیت کے پیش نظر رسول اللہ صلی اللہ علیہ وسلم نے فرمایا:

کلوا الزیت وادھنوا بہ فانہ من شجرۃ مبارکۃ

جدید میڈیکل تحقیقات

۱۹۸۶ء تک میڈیکل تحقیقات اور اس سے متعلق کتابوں میں یہی کہا جا رہا تھا کہ زیتون کا تیل بلڈ کولسٹرول پر اثر انداز نہیں ہوتا ہے، نہ اس میں اضافہ کرتا ہے نہ ہی کم کرتا ہے، مگر جدید ترین تحقیق میں انکشاف کیا گیا ہے کہ زیتون کا بلڈ کولسٹرول کی سطح میں قابل لحاظ حد تک کمی لاتا ہے، مگر اس کمی کے باوجود بلڈ کے لیے مفید وضروری کولسٹرول میں کمی نہیں لاتا، بلکہ اس طرح کے مفید کولسٹرول

میں اضافہ کرتا ہے اور میڈیکل سائنس کی رو سے یہ بات محقق ہے کہ اس قسم کے کولسٹرول میں جتنا اضافہ ہوتا ہے، امراض قلب کا عارضہ (Heart Clo) اتنا ہی کم ہوتا جاتا ہے۔

زیتون کا تیل اور بلڈ پریشرڈ

بلڈ پریشرڈ کی بیماری دنیا میں عام ہے۔ امریکہ اور برطانیہ کے ۲۰ فیصد باشندے اس بیماری میں مبتلا ہیں اور اس تناسب میں سال بہ سال اضافہ ہو رہا ہے۔ ۹۵ فیصد حالتوں میں ڈاکٹروں کو اس کی وجہ کا پتا نہیں چل پاتا ہے کہ مریض کن اسباب و جوہات کی وجہ سے اس بیماری میں مبتلا ہے۔ اسٹانفرڈ امریکن یونیورسٹی کے پروفیسر ڈاکٹر ویلیمز نے بلڈ پریشرڈ کی بیماری میں زیتون کے تیل کی تاثیر و افادیت کا اندازہ کرنے کے لیے ایسے ۶ سے افراد پر تحقیق و تجربہ کیا جو کسی بھی طرح کے دل کی بیماری میں مبتلا نہیں ہوئے۔ ان کے ساتھ میڈیکل سائنس اسکالروں کی پوری ٹیم تھی، تحقیقات کے بعد ان محققین کو پتا چلا کہ جن لوگوں نے زیتون کا تیل استعمال کیا ان کا بلڈ پریشرڈ قابل لحاظ حد تک کم ہو گیا یا ان لوگوں نے اپنی یومیہ غذا کے اندر اسے غذا کا جز بنایا انہیں بلڈ پریشر سے بڑی راحت مل گئی، خاص طور پر ان لوگوں کو جنہوں نے یومیہ ۴۵ گرام زیتون کا تیل استعمال کیا۔

خاتمہ

اسلام چونکہ ایک دائمی و ابدی مذہب ہے، اس لیے قرآن میں قیامت تک ہر زمانے کی ذہنیت اور اس کی ضروریات کو ملحوظ رکھا گیا ہے تاکہ وہ قیامت تک انسانوں کی رہنمائی کر سکے اور خدا پرستی و انسانی اقدار کا احیاء کرتا رہے، اس سچے دین کی یہ کتاب میں سائنس اور اس کے متعلقات سے بھرپور تعرض کیا گیا اور لوگوں کو اس میں غور و فکر کرنے، حقائق دریافت کرنے اور نئے نئے نکتوں تک رسائی حاصل کرنے کی دعوت دی گئی ہے۔ قرآن ہی وہ واحد صحیفہ ہے، جس میں انسان کو کائنات اور اس کے نظام میں غور و فکر کے ذریعہ بصیرت حاصل کرنے کی دعوت دی گئی ہے۔ اللہ تعالیٰ کا ارشاد ہے:

افلا یتدبرون القرآن ام علیٰ قلوب اقفالھا (محمد: ۲۴)

آج ضرورت اس بات کی ہے کہ ہم اپنے مذہبی نصاب میں میڈیکل سائنس سے متعلق آیات قرآنی کو شامل کریں اور قرآن اور جدید میڈیکل سائنس کے تقابلی مطالعہ کو جز و نصاب بنائیں، اس کی ضرورت اس لیے بھی ہے کہ ہر زمانے کی ترقی کے ساتھ ساتھ نئے نئے مسائل پیدا ہوتے اور نئے نئے انداز سے اسلام کے خلاف شکوک و شبہات پیدا کرنے کی کوشش کی جاتی ہے۔ اس لیے متقدمین نے سابق میں بعض ان علوم کا داغ بیل ڈالی جس کی ذریعہ اسلام کے خلاف بپا کیے جانے والے اعتراضات کا جواب دیا جا سکا اور نو پید مسائل اور نو پید مسائل کا حل تلاش کیا جا سکا تھا، یہ دور سائنسی ترقی کا دور ہے، اس لیے اسلام ہم سے تقاضہ کرتا ہے اور قرآن ہمیں تاکید کرتا ہے کہ ہم اس میدان میں تاخیر ہی سے سہی قدم رکھیں اور سائنس کے ذریعہ دعوت و تبلیغ کا فریضہ انجام دیتے ہوئے انسانیت کا رشتہ خالق کائنات سے جوڑنے کی کوشش کریں، مگر اس کے ساتھ ہمیں یہ بھی ذہن میں رکھنا چاہیے کہ سائنسی تحقیق میں ہمارا رخ صحیح سمت میں رہے، کیونکہ ہر نو ایجاد شئے کے اندر خیر و شر ہر دو کا پہلو ہوتا ہے، خود انسان کے اندر بھی دو مادے پائے جاتے ہیں، ہمیں اس کے خیر کے پہلو کو اپنانے کی کوشش کرنی چاہیے کہ یہی قرآن کا مطلوب ہے اور شر کے پہلو یا اس کے ذریعہ نظام قدرت میں چھیڑ چھاڑ کرنے سے اجتناب کرنا چاہیے، کیونکہ اللہ تعالیٰ نے دنیا کے اندر کوئی بھی چیز نہ تو بے کار پیدا کی ہے اور نہ ہی ایسا ہے کہ اس کے اندر توازن کو مخلوط نہ رکھا گیا ہو بلکہ اللہ تعالیٰ نے ہر چیز کے اندر توازن رکھا ہے۔ اللہ تعالیٰ کا ارشاد ہے:

والارض مددنٰھا والقینا فیھا رواسی و انبتنا فیھا من کل شیئ موزون (الحجر: ۱۹)

اور زمین کو ہم نے پھیلا دیا ہے اور اس پر اٹل پہاڑ دیئے ہیں اور اس میں ہم نے ہر چیز ایک معین مقدار سے اگا دی ہے۔

عبدالوحید ندوی، حیدرآباد

عیدالاضحیٰ ایک عظیم یادگار

ہر قوم کے لئے کچھ خاص تہوار ہوتے ہیں، اسلام میں بھی ایسے دو دن متعین کئے گئے ہیں ایک عیدالفطر اور دوسرے عیدالاضحیٰ، بس یہی مسلمانوں کے اصل اور مذہبی تہوار ہیں، ان کے علاوہ مسلمان جو تہوار مناتے ہیں ان کی کوئی مذہبی حیثیت اور بنیاد نہیں ہے۔

عیدالاضحیٰ کا دن بڑی خوشی اور مسرت کا دن ہے، ہماری اس خوشی کا تعلق حج اور قربانی سے ہے، لاکھوں مسلمانوں کو اس سال حج کی سعادت نصیب ہوئی، اللہ تعالیٰ کے حضور اپنی محبت اور عقیدت کا ثبوت پیش کیا، اس کی خوشی کے لئے طرح طرح کی تکلیفیں اٹھائیں، اور اپنے ہر عمل سے یہ ثابت کرنے کی کوشش کی کہ وہ اپنے آقا اور مالک کے اشاروں پر کس طرح اپنے آرام، اپنے مال اور اپنی خواہشات کو قربان کرنے کے لئے تیار ہیں۔

ہم میں سے کون ایسا شخص ہے جو پیغمبر حضرت ابراہیم علیہ السلام کو نہ جانتا ہو، حضرت ابراہیم علیہ السلام کو اللہ تعالیٰ نے خلیل اللہ کے لقب سے سرفراز فرمایا، حضرت ابراہیم علیہ السلام نے اپنی پوری زندگی کے اس بات کا ثبوت دیا کہ انہیں اللہ کی مرضی اور اس کی خوشنودی سے زیادہ کوئی چیز عزیز نہ تھی، اسی خوشنودی کو حاصل کرنے کے لئے آپ نے اپنے محبوب وطن کو چھوڑ دیا، اِنِّیْ ذَاھِبٌ اِلٰی رَبِّیْ سَیَھْدِیْنِ، یعنی میں اس ماحول میں سانس نہیں لے سکتا، جہاں مجھے اپنے رب کی مرضی پوری کرنے کا حق حاصل نہ ہو۔

حضرت ابراہیم علیہ السلام نے دعا کی رَبِّ ھَبْ لِیْ مِنَ الصّٰلِحِیْنَ، اے میرے رب! تو مجھے صالح اولاد عطا فرما، یہ ایک بہترین مقصد کے لئے بہترین دعا تھی، ارشاد ہوا، فَبَشَّرْنَاہُ بِغُلَامٍ حَلِیْمٍ، تو ہم نے اس کو ایک حلیم لڑکے کی ولادت کی خوش خبری دی، چنانچہ حضرت اسماعیل علیہ السلام پیدا ہوئے، فَلَمَّا بَلَغَ مَعَہُ السَّعْیَ قَالَ یَا بُنَیَّ اِنِّیْ اَرٰی فِی الْمَنَامِ اَنِّیْ اَذْبَحُکَ فَانْظُرْ مَاذَا تَرٰی، اس وقت حضرت ابراہیم علیہ السلام ایک اور سخت امتحان سے گذارے گئے، حضرت ابراہیم علیہ السلام فرمانے لگے، بیٹا میں نے خواب میں دیکھا ہے کہ، میں تم کو اللہ کی راہ میں قربان کر رہا ہوں تو بتاؤ تمہاری کیا رائے ہے؟ اب یہ امتحان دونوں کا ہو گیا، باپ کے سامنے یہ سوال ہے کہ وہ اپنی بڑھاپے کی دعاؤں کے نتیجے کو اللہ کا اشارہ پاتے ہیں اپنے ہاتھوں سے اس کے لئے قربان کرے، اور بیٹے کا امتحان کہ وہ اپنی جان اللہ کی رضا کی خاطر قربان کرنے کے لئے بخوشی تیار ہو جائے، قَالَ یٰٓاَبَتِ افْعَلْ مَا تُؤْمَرُ سَتَجِدُنِیْ اِنْ شَاءَ اللہُ مِنَ الصّٰبِرِیْنَ، بیٹے نے جواب دیا، والد محترم آپ کو جو حکم ملا ہے اس کو کر گذریئے انشاء اللہ آپ مجھے ثابت قدم لوگوں میں پائیں گے۔

نیک بندے کا اصل مقام یہی ہے کہ مالک کی مرضی کے سامنے کسی چیز کی اہمیت نہیں، فَلَمَّا اَسْلَمَا وَتَلَّہُ لِلْجَبِیْنِ، جب دونوں اللہ کے حکم کے سامنے جھک گئے اور باپ نے بیٹے کو پیشانی کے بل زمین پر لٹایا تو یہ ثابت ہو گیا، کہ دونوں اپنی اطاعت اور فرمانبرداری میں پورے اترے۔ اس کا امتحان تھا، وَنَادَیْنٰہُ اَنْ یَّا اِبْرٰھِیْمُ قَدْ صَدَّقْتَ الرُّءْیَا اِنَّا کَذٰلِکَ نَجْزِی الْمُحْسِنِیْنَ اِنَّ ھٰذَا لَھُوَ الْبَلٰٓؤُا الْمُبِیْنُ، چنانچہ ہم نے اس کو پکارا، اے ابراہیم تم نے خواب سچ

کر دکھایا ، بیشک ہم نیکی کرنے والوں کو ایسی ہی جزا دیتے ہیں ، یقیناً یہ ایک کھلی آزمائش تھی ، دونوں امتحان میں کامیاب ہو گئے ، دونوں نے وہ کر دکھایا جو مطلوب تھا ، وَ فَدَيْنٰهُ بِذِبْحٍ عَظِيْمٍ ، اور ہم نے ایک بڑی قربانی فدیہ میں دے کر ان کو چھڑا لیا ، اللہ تعالی نے اسی قربانی کی یادگار میں قربانی کی ایک عالمگیر اور عظیم الشان سنت قائم فرما دی۔

یہ ابراہیم علیہ السلام کی سرگذشت ہے ، جسے اللہ تعالی نے اپنی مبارک کتاب میں ہمارے لئے ہمیشہ کے لئے محفوظ فرما دیا ہے۔

قربانی اگر خلوص نیت کے ساتھ کی جائے تو اللہ کا تقرب حاصل کرنے کا سب سے بڑا ذریعہ ہے ، آنحضرت صلی اللہ علیہ وسلم نے ارشاد فرمایا ، مَا عَمِلَ ابْنُ آدَمَ مِنْ عَمَلٍ يَوْمَ النَّحْرِ أَحَبَّ إِلَى اللهِ مِنْ إِحْرَاقِ الدَّمِ وَإِنَّهُ لَيَأْتِيْ يَوْمَ الْقِيَامَةِ بِقُرُوْنِهَا وَأَشْعَارِهَا وَأَظْلَافِهَا وَإِنَّ الدَّمَ لَيَقَعُ مِنَ اللهِ بِمَكَانٍ قَبْلَ أَنْ يَقَعَ بِالْأَرْضِ فَطِيْبُوْا بِهَا نَفْسًا ، قربانی کے دن انسان کا کوئی عمل اس سے زیادہ افضل نہیں ، کہ وہ اللہ کی راہ میں جانوروں کی قربانی پیش کرے ، اور یہ کہ قربانی کے جانور قیامت کے دن اپنی سینگوں ، بالوں اور کھروں سمیت صحیح سالم حالت میں آئیں گے ، اور یہ کہ قربانی کا خون زمین پر گرنے سے پہلے ہی اللہ تعالیٰ کے یہاں مقبول ومحبوب ہو جاتا ہے ، پس اے خدا کے بندو ، دل کی پوری خوشی سے قربانیاں کیا کرو۔ (ترمذی ، ابن ماجہ)

ایک مرتبہ صحابہ کرام رضی اللہ عنہم نے آپ ﷺ سے سوال کیا کہ ، يَا رَسُوْلَ اللهِ مَا هٰذِهِ الْأَضَاحِیْ قَالَ سُنَّةُ أَبِيْكُمْ إِبْرَاهِيْمَ قَالُوا مَا لَنَا مِنْهَا قَالَ بِكُلِّ شَعْرَةٍ حَسَنَةٌ قَالُوْا يَا رَسُوْلَ اللهِ فَالصُّوْفُ قَالَ بِكُلِّ شَعْرَةٍ مِنَ الصُّوْفِ حَسَنَةٌ (مسند احمد)

اے اللہ کے رسول ﷺ یہ قربانی کیا ہے ؟ آپ ﷺ نے فرمایا یہ تمہارے باپ دادا حضرت ابراہیم علیہ السلام کی سنت ہے۔ صحابہ کرام نے عرض کیا ہمارے لئے اس میں کیا اجر و ثواب ہے ؟ آپ ﷺ نے فرمایا قربانی کے ہر بال کے عوض نیکی ہے ، صحابہ کرام نے عرض کیا اے اللہ کے رسول ﷺ "اون" کا کیا معاملہ ہے ، آپ ﷺ نے فرمایا اون کے ہر بال کے عوض ایک نیکی ہے۔

ایک حدیث میں حضور صلی اللہ علیہ وسلم کا ارشاد ہے : مَنْ وَجَدَ سَعَةً لِأَنْ يُضَحِّیْ فَلَمْ يُضَحِّیْ فَلَا يَحْضُرْ مُصَلَّانَا (ترغیب عن الحاکم)

جو شخص قربانی کی طاقت رکھتے ہوئے قربانی نہ کرے ، وہ ہماری عیدگاہ میں نہ آئے۔

قربانی کی دعا :

إِنِّیْ وَجَّهْتُ وَجْهِیَ لِلَّذِیْ فَطَرَ السَّمٰوٰتِ وَالْأَرْضَ حَنِيْفًا وَمَا أَنَا مِنَ الْمُشْرِكِيْنَ ، إِنَّ صَلَاتِیْ وَنُسُكِیْ وَمَحْيَایَ وَمَمَاتِیْ لِلّٰهِ رَبِّ الْعَالَمِيْنَ ، لَا شَرِيْكَ لَهُ وَبِذٰلِكَ أُمِرْتُ وَأَنَا أَوَّلُ الْمُسْلِمِيْنَ ، اَللّٰهُمَّ لَكَ وَمِنْكَ ، بِسْمِ اللهِ اَللهُ أَكْبَرُ۔

میں نے اپنا رخ یکسو ہو کر اس کی طرف کیا ، جس نے آسمان اور زمین کو پیدا کیا ، بیشک میری نماز اور میری قربانی اور میرا جینا اور میرا مرنا ، سب اللہ کے لئے ہے ، جو سارے جہاں کا رب ہے ، اس کا کوئی شریک نہیں ، مجھے اسی کا حکم ہوا ہے اور سب سے پہلے سرتسلیم خم کرنے والا میں ہوں ، اے اللہ ، یہ تیرے لئے ہے اور تیرا ہی عطا کردہ ہے ، اللہ کے نام سے اللہ بہت بڑا ہے۔

ذبح کے بعد کی دعا :

اَللّٰهُمَّ تَقَبَّلْ مِنِّیْ كَمَا تَقَبَّلْتَ مِنْ خَلِيْلِكَ إِبْرَاهِيْمَ وَحَبِيْبِكَ مُحَمَّدٍ عَلَيْهِمَا الصَّلٰوةُ وَالسَّلَامُ

اے اللہ ، اسے میری طرف سے قبول فرما ، جس طرح تو نے اپنے خلیل ابراہیم علیہ السلام اور اپنے حبیب حضرت محمد ﷺ کی طرف سے قبول فرمایا ہے۔

رفیعہ تبسم
پی ایچ ڈی ریسرچ اسکالر جامعہ عثمانیہ حیدرآباد

مسجد نبوی کی توسیع اور مختلف ادوار میں اس کی تاریخ

مسجد نبوی ان مساجد میں سے ہے جس کی بنیاد تقویٰ پر رکھی گئی ہے اور ایک ایسی حقیقت ہے جس کی گواہی اللہ تعالیٰ نے اپنی کتاب میں دی ہے:

لمسجد اسس علی التقویٰ من اول یوم احق ان تقوم فیہ، فیہ رجال یحبون ان یتطھروا واللہ یحب المطھرین (سورۃ التوبہ، آیت ۱۵۸)

ترجمہ: پہلے روز سے جس مسجد کی بنیاد تقویٰ پر رکھی گئی ہے اس کا زیادہ حق ہے کہ آپ اس میں قیام کریں اس میں ایسے لوگ ہیں جو پاکیزگی کو پسند کرتے ہیں اور اللہ پاکیزہ رہنے والوں کو پسند کرتا ہے۔

صحیح مسلم میں حضرت ابو سعید خدریؓ رسول اللہ صلی اللہ علیہ وسلم کا ارشاد نقل کرتے ہیں کہ اس میں آیت سے مراد مسجد نبوی ہے (صحیح مسلم کتاب الحج حدیث نمبر: ۱۵۔ ۱۳۹۸)

مسجد نبوی صرف ادائے نماز کے لیے نہ تھی بلکہ یہ ایک یونیورسٹی تھی جس میں مسلمان اسلامی تعلیمات و ہدایات کا درس حاصل کرتے تھے۔ یہ ایک محفل تھی جس میں مدتوں جاہلی کشاکش ونفرت باہمی لڑائیوں سے دوچار ہونے والے قبائل کے افراد اب میل ومحبت سے رہ رہے تھے۔ یہ ایک مرکز تھا، جہاں سے اس ننھی سی ریاست کا سارا نظام چلایا جاتا تھا علاوہ ازیں اس کی حیثیت ایک پارلیمنٹ کی بھی تھی، جس میں مجلس شوریٰ اور مجلس انتظامیہ کے اجلاس منعقد ہوا کرتے تھے۔ (الرحیق المختوم ص: ۲۸۹)

ہجرت

جب کفار مکہ نے آپؐ اور اصحابؓ کو اپنی ظالمانہ رویوں سے بہت پریشان کر رکھا تھا۔ یہ دیکھتے ہوئے آپؐ نے بعض اصحابؓ کو حبشہ کی جانب ہجرت کی اجازت دی۔ حبشہ کی جانب ہجرت دو مرتبہ ہوئی پھر مدینہ (یثرب) کے بعض اسلام قبول کرکے چلے گئے تب نبی کریمؐ نے اپنے اصحابؓ کو مدینہ کی طرف ہجرت کا حکم دیا اور جس وقت کفار نے آپؐ کو قتل کرنے کی سازش مکمل کرلی تو اللہ نے آپؐ کو گواہ اس سے باخبر کیا اور آپؐ کو بھی مدینہ کی طرف ہجرت کی اجازت مل گئی۔

مدینہ

آپؐ یثرب تشریف لانے کے بعد یثرب کا نام مدینۃ النبی بنی کا شہر مشہور ہوا۔ مدینے کے لوگوں کو آپؐ کی آمد کی خبر ہو چکی تھی، سب لوگ منتظر تھے، بچے خوشی اور جوش میں گلی کوچوں میں کہتے پھرتے کہ ہمارے پیغمبر آ رہے ہیں۔ چھوٹی چھوٹی لڑکیاں چھتوں پر چڑھ کر آپؐ کے آنے کی خوشی میں گیت گاتی تھیں تو نوجوان ہتھیار سج دھج کر شہر کے باہر نکل جاتے تھے۔ آپؐ ربیع الاول کی آٹھویں تاریخ اور نبوت کا تیرہواں سال تھا۔ آپؐ قبا میں چودہ دن رہے، وہاں مسلمانوں کے معزز لوگ تھے۔ وہاں پر آپؐ نے ایک چھوٹی مسجد کی بنیاد رکھی اس مسجد کا نام "مسجد قبا" ہے، یہاں سے آپؐ نے مدینہ کا رخ کیا، راستے میں نماز کا وقت آگیا تو آپؐ کی امامت میں لوگوں نے وہاں جمعہ پڑھا۔ آپؐ نے ایک تقریر کی، جس نے سنا، وہ اس سے بہت متاثر ہوا۔

مسجد نبوی اور حجروں کی تعمیر

مدینے میں مسلمانوں کو سب سے پہلے خدا کا گھر یعنی مسجد بنانا تھا۔ آپؐ جہاں ٹھہرے تھے اس سے ملی ہوئی

نجار قبیلہ کے دو یتیم بچوں کی ایک زمین تھی۔ آپؐ نے اس زمین کو مسجد کے لیے پسند کیا۔ دونوں یتیم بھائی سہل و سہیل ہدیتاً پیش کی، لیکن آپؐ نے انکار کیا اور قیمت دس دینار ادا کرکے زمین حاصل کی۔ زمین برابر کرکے مسجد کی تعمیر شروع ہوئی۔ اس مسجد کے بنانے والے معمار اور مزدور خود آپؐ اور آپؐ کے وفادار ساتھی سب مل کر ایک کچی سی دیوار اٹھا کراوپر کھجور کے تنے اور پتوں کی چھت بنائی۔ یہی پہلی مسجد نبویؐ تھی۔

خلفائے راشدین کے دور میں مسجد نبویؐ

حضرت ابوبکر صدیقؓ کے دور خلافت میں صرف ستون بوسیدہ ہوئے تھے، انہیں تبدیل کیا گیا جو کھجور کے تنوں کے تھے (دلائل النبوۃ للبیہقی،ص:۵۴۱)

حضرت عمر فاروقؓ کے دور خلافت میں مسجد نبویؐ کی توسیع ۱۶ھ۔۶۳۸ء فاروق اعظمؓ کے دور میں آبادی زیادہ ہوگئی تو لوگوں نے مسجد کی توسیع کی درخواست کی، اس پر حضرت عمرؓ نے فرمایا کہ اگر میں نے رسول اللہ سے یہ نہ سنا ہوتا کہ ہماری مسجد بڑھے گی تو میں کبھی توسیع نہ کرتا۔ حضرت عبداللہ بن عمرؓ بیان کرتے ہیں کہ رسول اللہ نے زمانے میں مسجد اینٹوں اور شاخوں سے بنی ہوئی تھی، ستون کھجور کے تھے۔ حضرت عمرؓ نے توسیع اس کی سابقہ تعمیر کی طرح اینٹوں اور کھجوروں کی شاخوں سے تعمیر کی اور اس کے ستون لکڑی کے تھے (سنن داؤد۔ کتاب الصلاۃ باب فی بناء المساجد۔ حدیث نمبر ۴۴۹)

حضرت عمر فاروقؓ نے قبلہ کی طرف پانچ میٹر توسیع کردی اور شمال کی طرف پندرہ میٹر اور مغرب کی جانب دو ستون زیادہ کیے اور چوڑائی ساٹھ میٹر ہوگئی، چھت گیارہ ہاتھ بلند کردی گئی اور مغربی دیوار کے شروع میں جنوب کی جانب ایک دروازہ باب اسلام بڑھا دیا گیا اور مشرقی دیوار میں عورتوں کے لیے علیحدہ دروازہ بنایا گیا اور وادی عقیق سے کنکریاں لاکر مسجد میں بچھا دی گئی اور مسجد نبویؐ کے مشرقی جانب مسجد کے باہر کے حصے میں ایک کمرہ جیسی جگہ متعین کی تا کہ گفتگو کرنا ہو تو جا کر

کریں۔ کسی قسم کا مشورہ وغیرہ ممنوع اور خلاف ادب ہے اور لوگ خشوع کے ساتھ عبادت کریں۔ (الوفاء الوفاح ۲ ص: ۴۹۸)

دورِ عثمانی میں توسیع

۲۹ھ۔۶۴۹ء میں شہید مظلوم خلیفہ سوم حضرت عثمانؓ نے قبلہ کی طرف شمال اور مغرب کی طرف مسجد نبوی کی توسیع، قبلہ کی طرف ستونوں کی ایک رو بڑھا کر قبلہ تعمیر کی۔ واضح رہے کہ آج تک قبلے کی دیوار میں ہے اور اس طرف کوئی توسیع نہیں کی گئی۔ مغرب کی طرف بھی ستونوں کی ایک رو کا اضافہ کیا اور وہ منبر سے آٹھویں ستون تک ہے، اسی طرح ہر اطراف تقریباً پانچ پانچ میٹر کی توسیع کی۔ حضرت عثمانؓ خود تعمیر کی نگرانی کرتے۔ عبدالرحمن بن سفینہ بیان کرتے ہیں کہ میں نے خود دیکھا کہ تعمیری اشیاء لائی جاتی تو خود مشاہدہ کرتے اور تعمیر کرنے والے مشغول ہوتے تو کھڑے ہوکر گرانی کرتے، نماز کا وقت ہوتا تو نماز پڑھاتے۔ گھر جا کر آرام کرتے، بعض دفعہ مسجد میں ہی سو جاتے۔ (تحقیق النصرۃ ص: ۷۴۔ عمدۃ الاخبار ص: ۱۵۸)

یہاں یہ بات قابل ذکر ہے کہ خلفائے راشدین حضرت عمرؓ اور حضرت عثمانؓ نے تعمیرات میں مشرق کی جانب کوئی توسیع نہیں کی، اس لیے ادھر نبی کریمؐ کی ازواج مطہرات کی رہائش تھی، لیکن عبدالملک مروان کے دور حکومت سے پہلے تمام ام المومنین کا انتقال ہو چکا تھا، حجرے تا حال موجود تھے اور ان کے دروازے مسجد میں کھلتے تھے اور جمعہ کے روز حاضرین کی تعداد بڑھ جاتی تھی۔ لہذا کچھ لوگ ان حجرات میں داخل ہو کر نماز ادا کر لیتے تھے، اس لیے ولید عبدالملک نے ۸۸ھ۔۷۰۷ء میں مسجد نبویؐ کی ازسرنو تعمیر کروائی تو ازواج مطہرات کے حجروں کی مسجد میں شامل کر لیا گیا۔ (وفاء الوفاء ۲ ص: ۵۱۷)

دورِ علی مرتضیٰ

حضرت عثمانؓ کی تعمیرِ مسجد کے تھوڑے عرصے بعد شہید کر دیے گئے تھے اور وہ اتنی مضبوط تعمیر کر گئے تھے کہ سرِ دست ردّ و بدل یا مزید تعمیر کی ضرورت نہ تھی، اس لیے خلیفہ چہارم حضرت علی مرتضیٰؓ کے زمانے میں کوئی توسیع نہ کی گئی۔

چوتھی توسیع اموی خلیفہ ولید بن عبدالملک کے حکم پر عمر بن عبدالعزیزؓ نے ۸۸ھ میں مسجدِ نبویؐ کی تعمیر کے شروع کی اور ۹۱ھ میں یہ کام پایہ تکمیل کو پہنچا مغرب کی طرف بیس ہاتھ اور مشرق کی جانب تقریباً تیس ہاتھ کا اضافہ کیا گیا۔ امہات المومنین کے حجرے بھی مسجد میں شامل کر دیے گئے، شمالی جانب بھی اضافہ کیا گیا۔ تعمیرِ جدید منقوش پتھر سے کی گئی، ستون کھوکھلے پتھر سے بنائے گئے اور درمیان میں لوہا اور شیشہ ڈالا گیا، دو چھتیں ڈالی گئیں، نچلی چھت ساگوان کی لکڑی سے تیار کی گئی، مسجدِ نبویؐ میں مینار سب سے پہلی مرتبہ ولید کی اس توسیع ہی میں بنائے گئے۔

ابنِ زبالہ وغیرہ کی روایت ہے کہ عمر بن عبدالعزیزؓ نے مسجدِ نبویؐ کی توسیع و تعمیر کے تو چار مینار بھی بنائے محراب بھی اسی توسیع میں بنایا گیا، مسجد کی دیواروں پر اندرونی جانب سنگِ مرمر، سونا اور رنگدار اینٹیں لگائی گئیں، اسی طرح ستونوں کے بالائی حصوں اور دروازوں کی چوکھٹوں اور چھت پر سونے سے ملمع کاری کی گئی نیز مسجد کے بیس دروازے بنائے گئے۔ (دارالسلام ـ انگلش سیرتِ نبویؐ، ص: ۱۶۵)

پانچویں توسیع مہدی عباسی کا دور ۱۶۱ھ میں جب خلیفہ مہدی حج کی ادائیگی کے بعد مدینہ منورہ گیا تو جعفر بن سلیمان کو مدینہ منورہ کا گورنر مقرر کیا اور اسے مسجدِ نبویؐ کی توسیع کا حکم دیا۔ اس کام میں اس کے ساتھ عبداللہ بن عاصم، بن عبدالعزیز اور عبد الملک بن شعیب غسّانی کو بھی مقرر کیا، اس دفعہ شمالی جانب اضافہ

کیا گیا، مہدی نے مسجدِ نبویؐ کے ارد گرد کچھ گھر خرید لیے، ان میں سیدنا عبدالرحمٰن بن عوفؓ کا گھر جسے دارالملیکہ کہا جاتا تھا، شرجیل بن حسنہؓ کا گھر اور عبد اللہ بن مسعودؓ کا گھر جسے دارالقراء کہا جاتا تھا، مسجد کے احاطے میں شامل کر دیے گئے۔ (دارالسلام ـ انگلش سیرتِ نبویؐ، ص ۱۶۵)

۸۸۸ھ میں سلطانی قایتبائی کے زمانے میں چھٹی توسیع ۶۵۶ھ میں عباسی خلافت کے خاتمہ کے بعد مدینہ منورہ حکومتِ مصر کے بادشاہوں کے ہاتھ آ گئی اور وہ لوگ مسجدِ نبویؐ کی تعمیر میں خصوصی دلچسپی لیتے رہے۔ ان میں سب سے زیادہ توجہ سلطان اشرف قایتبائی نے دی۔ جب ۸۸۶ھ میں رمضان المبارک کی تیرھویں رات مسجدِ نبویؐ کی آگ لگ گئی تو سلطان قایتبائی نے مسجد کی عمومی تعمیر شروع کر دی۔ اس کی تکمیل ۸۸۸ھ میں رمضان المبارک کے آخر میں ہوئی، اس نے مقعدہ والی مشرقی جانب میں سوادو ہاتھ کا اضافہ کیا نیز مسجد کی چھت ایک کر دی، چھت کی بلندی بائیس ہاتھ کی تھی۔ (تاریخ مدینہ منورہ، ص: ۱ ـ ۷)

ساتویں توسیع ۱۲۶۷ھ میں خلیفہ عبد المجید عثمانی کے عہد ۱۲۵۶ھ میں مقصورہ، منبرِ شریف، مغربی دیوار، محرابِ نبویؐ، محرابِ سلیمانی، محرابِ عثمانی اور بڑے مینار سوا ساری مسجد دوبارہ تعمیر کی گئی۔ مسجد کے تمام فرش اور قبلہ والی دیوار کے نقف تک سنگِ مرمر لگایا گیا، چھت کے تمام گنبدوں میں نقش نگار بنائے گئے۔ روضہ اطہر کے ستونوں پر سفید اور سرخ سنگِ مرمر لگایا گیا تاکہ وہ دوسرے ستونوں سے ممتاز نظر آئیں، اس کام میں تین سال لگے، اس عمارت میں ایک نیا دروازہ 'بابِ مجیدی' کے نام سے بنایا گیا جو دراصل مسجد کے اندر تھا۔ (مطبوعہ دارالسلام ـ انگلش سیرتِ نبویؐ، ص، ۱۶۵ ـ ۱۶۲)

عثمانی ترکوں نے تیرھویں صدی ہجری میں مسجدِ نبویؐ

میں جو توسیع کروائی اس کی تفصیل حد درجہ ایمان افروز ہے۔ ترکوں نے جب اس کام کا ارادہ کرلیا تو انہوں نے اپنی وسیع وعریض سلطنت میں اعلان کیا کہ انہیں عمارت سازی کے متعلق مختلف علوم وفنون کے ماہرین درکار ہیں۔ اعلان کرنے کی دیر تھی کہ سنگ تراش، معمار، نقشہ نویس، خطاط، رنگ ساز، شیشہ گر کے ماہرین نے اپنی خدمات پیش کیں، ترک حکومت نے اپنے تمام اہلکاروں اور سفیروں کو ہدایت کی کہ ان تمام ماہرین اور ان کے خاندانوں کو سفر کی ہر سہولت پہنچائی جائے، پھر قسطنطنیہ کے باہر ایک شہر بسایا گیا، جس میں اطراف عالم سے آنے والے ان قافلوں کو اتار کر ہر شعبے کے ماہرین کو الگ الگ محلوں میں بسایا گیا۔ اس سارے عمل میں کئی سال لگ گئے۔

اس کے بعد عقیدت اور حیرت کا نیا باب شروع ہوا۔ خلیفہ وقت جو اس وقت دنیا کا سب سے بڑا فرمانروا تھا، خود بسائے گئے شہر میں آیا اور ہر شعبے کے ماہرین کو تاکید کی کہ اپنے ذہین ترین بچے کو اپنا فن سکھائیں اور اس طرح سکھائیں کہ اس فن میں اسے یکتا و بے مثال کردے، اسی اثنا میں ترک حکومت ان بچوں کو قرآن حفظ کروائے گی اور شہسوار بنائے گی۔ دنیا کی تاریخ کا یہ عجیب وغریب منصوبہ کئی سال جاری رہا۔ پچیس برس بعد نوجوانوں کی ایک ایسی جماعت تیار ہوئی جو نہ صرف اپنے اپنے شعبے میں یکتائے روزگار تھے بلکہ ہر شخص حافظ قرآن باعمل مسلمان تھے، یہ تعداد میں تقریباً پانچ سو تھے، اسی دوران میں ترکوں نے پتھروں کی نئی کانسیں دریافت کیں، نئے جنگلوں سے لکڑیاں کاٹی گئیں، تختے حاصل کیے گئے اور شیشے کا سامان پہنچایا گیا، یہ سارا سامان نبیؐ کے شہر پہنچا تو ادب کا یہ عالم تھا کہ اسے رکھنے کے لیے مدینۃ النبیؐ سے کئی میل دور ایک الگ بستی بسائی گئی تاکہ پتھر کٹیں تو مدینہ کا ماحول متاثر نہ ہو۔ احتیاط کا یہ عالم تھا کہ کٹا اور تراشا ہوا پتھر مسجد نبوی پہنچا اور اس میں کسی ترمیم وتخفیف پڑی تو ٹھیک کرنے کے لیے اس بستی میں واپس لے جایا جاتا اور جب ماہرین نے کام شروع کیا تو انہیں حکم یہ تھا کہ ہر شخص کام کے دوران باوضو رہے اور مسلسل تلاوت قرآن کرتا رہے۔ تعمیر نو اور توسیع کا کام پندرہ سال جاری رہا۔ ایک حصے کو منہدم کر کے اسے بنا لیتے تو اس کے بعد ہی دوسرے حصے کی تعمیر شروع کرتے تاکہ نماز باجماعت میں رکاوٹ نہ ہو۔ ریاض الجنۃ کی تعمیر کے دوران میں چھت اور زمین کے درمیان ستونوں کے اوپر لکڑی کے تختے لگادیئے تاکہ چھت منہدم ہوتے وقت اوپر سے مٹی نہ گرے۔ حجرہ مبارک کی جہاں امام الانبیاءؐ کی قبر مبارک ہے، اس کی جالیوں کے چاروں طرف کپڑا لپیٹ دیا گیا تاکہ گرد وغبار اندر نہ جائے۔ (انگلش سیرت نبوی، مطبوعہ دارالسلام، ص:۱۶۲۔۱۶۳)

پہلی سعودی توسیع وتعمیر ۱۳۶۸ھ۔۱۹۵۱ء میں جلالۃ الملک عبدالعزیز آل سعود کے حکم سے مسجد کے شمال مشرق اور مغرب میں اردگرد کے علاقے خرید کر مسجد میں شامل کردیئے گئے۔ عمارت مجیدیہ میں سے چھت دار جنوبی حصہ اسی طرح رہنے دیا گیا۔ اس طرح مسجد کی کل پیمائش ۱۶۳۲۶ مربع میٹر ہوگئی، یہ توسیع جس پر پانچ سو کروڑ ریال خرچ ہوئے۔ اکتوبر ۱۹۵۵ء میں مکمل ہوئی۔

دوسری توسیع حکومت سعودی میں ۱۴۰۵ھ تا ۱۴۱۴ھ

خادم الحرمین الشرفین فہد بن عبدالعزیز کے عہد میں ہونے والی اس توسیع کے بعد نمازیوں کی گنجائش پہلے کے مقابلے میں نو گنا ہوگئی ہے۔ بیرونی دیواروں پر سنگ خارا لگایا گیا ہے، اس توسیع میں چھ نئے مینار بنائے گئے ہیں۔ نویں اور آخری توسیع سعودیوں کا عظیم الشان کارنامہ ہے۔ نچلی منزل پر ۲۱۵۴ ستونوں کا اضافہ کیا گیا ہے، نچلی منزل اور چھت پر دو لاکھ ۶۸ ہزار افراد نماز ادا کرسکتے ہیں، مسجد نبوی کے دروازوں کی مجموعی تعداد پچاسی ہے، چھت کے بڑے بڑے گنبدوں کی سجاوٹ پر ۶۸ کلوگرام سونا استعمال کیا گیا ہے، یہ گنبد مرکزی کمپیوٹر کے تحت ایک منٹ میں کھلتے اور بند ہوتے ہیں۔ صحن میں روشنی کے لیے ۱۵۱ فانوس نصب کیے گئے ہیں، زیر زمین کار پارکنگ میں ۴۵۰۰ گاڑیاں کھڑی کی جاسکتی ہیں، مسجد کے ایئر کنڈیشننگ کے نظام کو دنیا کے عجائبات میں شمار کیا جاسکتا ہے، اس کا پلانٹ مسجد سے سات میل دور ہے تاکہ شور مسجد سے دور رہے۔ ٹھنڈا پانی اور ہوا ایک سرنگ کے ذریعہ مسجد میں پہنچتے ہیں۔ (مطبوعہ دارالسلام۔ انگلش سیرت نبوی، ص:۱۶۲۔۱۶۳)

ڈاکٹر محمد رفیق ۔ شعبہ عربی مانو

خالد سیف اللہ رحمانی کی "آسان تفسیر: قرآن مجید" ایک تنقیدی جائزہ

تمہید: ایک زبان سے دوسری زبان میں اہم معانی کو ان کے عین مطابق منتقل کرنا مشکل ہی نہیں، بلکہ نا ممکن کے قریب ہے، البتہ عام اور آسان معانی کو منتقل کرنا بڑی حد تک ممکن ہے، لیکن معانی میں اگر کیفیت اور گہرائی ہو تو ان کا حق ادا کرنا آسان نہیں ہوتا اور معاملہ جب کلام الٰہی کا ہو تو بڑی ذمہ داری کی اور مشکل بات ہوتی ہے۔ لیکن قرآن مجید کتاب ہدایت ہے اور اللہ رب العزت کے حصوں اور ہدایتوں کو سمجھنے کے لیے اس کے معانی سے واقف ہونا ضروری ہے، لہٰذا از بان اور علوم دینیہ سے اشتغال رکھنے والے اور پختہ استعداد والوگوں کی طرف سے طالب ہدایت لوگوں کے لیے ترجمہ کا کام انجام دیا گیا ہے، تا کہ عربی نہ جاننے والے لوگوں تک ہدایت الٰہی کے امور ضروری حد تک پہنچائے جاسکیں۔ چنانچہ حضرت شاہ ولی اللہ دہلوی صاحب کے وقت میں اردو زبان میں عربی نہ جاننے والوں کے لیے قرآن مجید کے ترجمہ کا سلسلہ شروع ہوا اور متعدد جید علماء نے اپنی استطاعت کے مطابق یہ خدمت انجام دی، پھر اردو زبان بننے کے بعد اردو میں یہ کام بتدریج علماء کی کوششوں کا میدان بنا۔

اردو زبان میں جیسے جیسے ترقی ہوتی، اس کے مختلف انداز اور ادائیگی معانی ترقی ہوئی اور اردو نے خاص طور پر عربی زبان سے فائدہ بھی اٹھایا، لہٰذا اس میں عربی زبان کے معانی کی منتقلی بہتر ہوئی اور قرآن مجید کے متعدد ومعتبر ترجمے تیار ہوئے۔

زیر تبصرہ ترجمہ و تفسیر "آسان تفسیر قرآن مجید" برصغیر

کے ممتاز فقیہ، محدث اور داعی مولانا خالد سیف اللہ رحمانی کی عظیم کاوش ہے، مولانا موصوف عرصۂ دراز تک اسلامی علوم و فنون کی درس و تدریس سے وابستہ رہے۔ اللہ تعالیٰ نے تقریر و تحریر کو ایک انوکھا انداز عطا کیا ہے، آپ کی تحریریں زبان و ادب اور شائستگی و شگفتگی کا نمونہ ہوتی ہیں، آپ نے اپنے چند محبین کی خواہش و اصرار پر قرآن کریم کی یہ بیش بہا خدمت انجام دی ہے، جو یقیناً اردو داں حضرات کے لیے ایک قیمتی علمی تحفہ ہے۔

اس ترجمہ میں عربی قواعد کی پیروی کی گئی ہے، عربی زبان و ادب کی پوری رعایت برتی گئی ہے اور دو جملوں کی ساخت میں اردو تعبیرات و محاورات کو نہایت خوش اسلوبی سے استعمال کیا گیا ہے، ترجمہ اس انداز سے کیا گیا ہے کہ قرآنی آیات کے الفاظ و معانی پر وارد ہونے والے اعتراضات ترجمہ سے رفع ہو جائیں، لفظی ترجمہ کے بجائے بامحاورہ ترجمہ کیا گیا تا کہ آیت کو سمجھنے میں پیچیدگی اور دشواری نہ ہو۔

ترجمہ کے ذیل میں تفسیری حاشیہ ہے جو مختصر لیکن نہایت ہی جامع ہے اس میں جو باتیں لکھی گئی ہیں وہ پوری تحقیق کے بعد لکھی گئی ہے، ازل اول تا آخر مصادر اصلیہ سے مراجعت کا التزام کیا گیا، مستند و متداول عربی وار دو تفاسیر سے استفادہ کیا گیا ہے، فقہی مسائل مستنبط کیے گئے ہیں قرآن کریم کے اعجازی پہلوؤں کو اور خاص طور پر سائنسی اعجاز کو واضح کیا گیا ہے، مشکل و پیچیدہ مباحث بھی عام فہم اسلوب میں سمجھائے گئے ہیں۔

ترجمہ کی خصوصیات:

(۱) سلاست و روانی: مولانا موصوف کا یہ ترجمہ سلیس و رواں ہے، مولانا نے آیات قرآنی کا ترجمہ اس خوش اسلوبی سے کیا ہے کہ نہ روانی پر اثر پڑتا ہے اور نہ معانی میں خلل آتا ہے۔سورۃ آل عمران کی آیت نمبر ۵۳ کا ترجمہ ملاحظہ کریں۔

اذ تصعدون ولا تلون علی احد و الرسول یدعوکم فی اخرکم فاثابکم غما بغم لکیلا تحزنوا علی ما فاتکم ولا ما اصابکم

(اے مسلمانو!) وہ وقت یاد کرو (جب تم چڑھے چلے جا رہے تھے کسی کی طرف مڑ کر بھی نہیں دیکھتے تھے اور رسول تم کو پچھلی صف سے پکار رہے تھے، چنانچہ اللہ نے تم کو اس رنج کے بدلہ رنج سے دو چار کیا، تا کہ جو چیز تمہارے ہاتھ سے نکل جائے اور جو مصیبت تم کو پہنچے اس سے تم رنجیدہ خاطر نہ ہوا کرو۔

(۲) اردو زبان کی چاشنی: مولانا اپنے ترجمہ میں زبان و بیان کی چاشنی بھی برقرار رکھی ہے۔ مثلاً "لقد کان فی قصصھم عبرۃ لاولی الباب" کا ترجمہ کرتے ہوئے لکھتے ہیں (بیشک ان لوگوں کی داستانوں میں سمجھدار لوگوں کے لیے عبرت کا سامان ہے)۔ اسی طرح "وتعز من تشاء وتذل من تشاء" کا ترجمہ کیا ہے۔ جسے چاہیں عزت سے ہمکنار کریں اور جسے چاہیں ذلت سے دو چار۔

(۳) اردو محاورے کی رعایت: ترجمہ کے دوران اردو محاورات و تعبیرات کا نہایت ہی خوبی اور شائستگی کے ساتھ استعمال کیا گیا ہے۔

(الف) ارایتم (سورۃ ملک: ۳۰) بھلا دیکھو تو سہی۔

(ب) وانی لاظنک یفرعون مثبورا (بنی اسرائیل: ۱۰۲) اے فرعون میرا خیال ہے کہ ضرور تیری شامت آ چکی ہے۔

اب ہم ترجمہ کے چند نمونوں کے بعد کچھ حواشی بطور نمونہ پیش کرتے ہیں، جس سے مولانا کے ذوق اور تفسیری خدمت کا بخوبی اندازہ ہو جاتا ہے۔

رب العالمین کے حاشیے میں لکھتے ہیں اللہ کو رب العالمین کہہ کر اس طرف اشارہ ہے کہ تمام عالم ہر لمحہ خدا کی ربوبیت کا محتاج ہے، ایسا نہیں کہ اللہ نے کائنات کو پیدا کر کے چھوڑ دیا ہو، اب از خود پورا نظام کائنات چل رہا ہو اور کائنات خدا کی محتاج نہ رہی ہو، جیسا کہ بعض فلاسفہ اور ملحدین کا نقطۂ نظر تھا، اسی غلط خیالی کی تردید کے لیے قرآن مجید میں اللہ کی شان ربوبیت کا بار بار ذکر کیا ہے۔

وان منھا لما یھبط من خشیۃ اللہ کے حاشیے میں لکھتے ہیں: رہ گیا پتھروں کا اللہ سے ڈرنا تو یہ کچھ باعث تعجب نہیں۔ نباتات میں تو احساس پائے جانے کی آج کی سائنس نے دریافت کر لیا ہے، عجب نہیں کہ آئندہ جمادات میں بھی احساسات کے پائے جانے کو خود انسان دریافت کر لے۔

یامرون بالمعروف وینھون عن المنکر کے حاشیے میں لکھتے ہیں:

معروف کے اصل معنی مشہور اور جانی پہچانی بات کے ہیں، یعنی وہ بات جو عام رواج اور چلن کی وجہ سے جانی پہچانی ہوئی ہو، یعنی اس کے مقابلے میں ہے، یعنی ایسی بات جو خلاف عادت اور ان پہچانی ہو۔ بھلائی کو معروف اور برائی کو منکر سے تعبیر کر کے قرآن مجید نے اس طرف اشارہ کیا ہے کہ نیکیوں کا سماج میں عام چلن ہونا چاہیے اور برائیوں کا وقوع اس طرح ہو کہ گویا خلاف عادت اور خلاف معمول ایک بات پیش آ گئی ہے۔

یا ایھا الناس اتقوا ربکم الذی خلقکم من نفس واحدۃ کے حاشیے میں رقم طراز ہیں:

یہ اسلام کا ایک انقلابی نظریہ ہے کہ جیسے خدا ایک ہے ویسے ہی پوری انسانیت ایک ہی باپ سے پیدا ہوئی ہے۔ یہ وہ عقیدہ ہے جو انسانیت کی طبقاتی تقسیم اور رنگ و نسل کی بنیاد پر اونچ نیچ کے تصور کا قلع قمع کرتی ہے۔ ہندو مذہب میں یہ تصور

تھا کہ کچھ لوگ خدا کے منہ سے کچھ لوگ اس کے بازوؤں سے ، کچھ لوگ اس کی رانوں سے اور کچھ لوگ اس کے پاؤں سے پیدا ہوتے ہیں، اس لیے پیدائشی طور پر انسانیت کا ایک طبقہ معزز اور دوسرا ذلیل ہے، اس طرح کی طبقاتی تقسیم کم وبیش اکثر مذاہب اور نظام ہائے حیات میں موجود رہی ہے، لیکن قرآن کہتا ہے کہ تمام انسانوں کی پیدائش انسان اول سے ہوتی ہے، اس لیے وہ سب بحیثیت انسان برابر ہیں، محض رنگ ونسل اور علاقہ وزبان کی بنیاد پر ان میں تفریق کی گنجائش نہیں ۔

و خلقها منها زوجها کے حاشیے میں لکھتے ہیں:

یعنی اللہ تعالیٰ نے حضرت آدم علیہ السلام ہی سے ان کا جوڑ احضرت حواعلیہا السلام کو پیدا فرمایا، اس میں ایک بلیغ حقیقت کی طرف اشارہ ہے کہ عورت مرد کا ایک حصہ اور اس کی تکمیل ہے، آج عورتوں کی آزادی کے نام سے جو تحریکیں چل رہی ہیں، انہوں نے مردوں اور عورتوں کو دو فریق بنا دیا ہے اور ظاہر ہے کہ انسان اپنے فریق کے تئیں مخاصمت کا جذبہ زیادہ رکھتا ہے۔ محبت تصور کریں اور ظاہر ہے کہ اپنے جزء کے تئیں محبت اور ایثار کا جذبہ ہوا کرتا ہے نہ کہ مقابلہ اور مخاصمت کا۔

واقعہ یہ ہے کہ آسان تفسیر قرآن مجید کا ہر ہر صفحہ اس قسم کی دلچسپ، نادر، مفید اور باتحقیق باتوں سے معمور ہے۔ اس کا مطالعہ، علمی، فکری، قلبی، ذہنی وسعت کا سبب ہوگا اور قرآن کریم سے والہانہ محبت میں اضافہ کرے گا۔